图说辽宁丛书

辽宁

山海有情　天辽地宁

This is
Liaoning

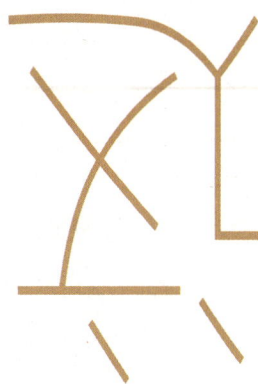

文化旅游丛书

春风文艺出版社
·沈阳·

图书在版编目（CIP）数据

古迹/周建新著. —沈阳：春风文艺出版社，
2025.2
（"山海有情 天辽地宁"文体旅丛书）
ISBN 978 – 7 – 5313 – 6636 – 2

Ⅰ．①古… Ⅱ．①周… Ⅲ．①名胜古迹 — 介绍 — 辽宁
Ⅳ．①K928.703.1

中国国家版本馆CIP数据核字（2024）第018981号

春风文艺出版社出版发行

沈阳市和平区十一纬路25号　邮编：110003
辽宁新华印务有限公司印刷

责任编辑：姚宏越　周珊伊	责任校对：赵丹彤
封面设计：黄　宇	内文摄影：张维平　刘国军　等
印制统筹：刘　成	幅面尺寸：138mm × 207mm
字　　数：186千字	印　　张：7.5
版　　次：2025年2月第1版	印　　次：2025年2月第1次
书　　号：ISBN 978-7-5313-6636-2	
定　　价：60.00元	

版权专有　侵权必究　举报电话：024-23284292
如有质量问题，请拨打电话：024-23284384

无尽的人地关系（代序）

近代地理学奠基人亚历山大·冯·洪堡认为，人是地球这个自然统一体的一部分。此观点随即让"人地关系"成为一个科学论题，也教给我们认识世界的方法。首先看地理，知吾所在；然后看人文，知吾是谁。

打开中国地图，或背负青天朝下看，东北有三省，辽宁距中原最近。南濒蔚蓝大海，北接东北平原，东有千山逶迤，西有医巫闾苍然，境内更兼辽、浑、太三河纵横。语曰：山川能说，可以为大夫。如此天辽地宁者，大夫不说，则愧对大自然所赐。

一方水土，藏一方文化。

看辽宁文化，需要回望1.2亿至2亿年前的辽西。深埋地下的热河生物群，几乎囊括了中生代向新生代过渡的所有生物门类。我们正是在那些化石上，看到了第一只鸟飞起的姿态，看到了第一朵花盛开的样子，看到了正在游动的狼鳍鱼瞬间定格之美。也正因为如此，辽西成为20世纪全球最重要的古生物发现地之一，被誉为世界级化石宝库。看辽宁文化，更要回望古代先民在辽宁现身时那一道道照亮天穹的光。28万年前的金牛山人，25万年前的庙后山人，7万年前的鸽子洞人，1.7万年前的古龙山人，7000年前的新乐人和小珠山人，绳绳不绝，你追我赶，从旧石器时代走到新石器时代。当然，他们都只是演出前的垫场，千呼万唤中，大幕拉开，真正的主角是红山人。在辽西牛河梁上，我们看见了5000年前的女神庙和积石冢，还有那座巨大的祭坛。众流之汇海，万壑之朝宗，职方所掌，朗若列眉，从那一天开始，潺潺千古的大辽河便以中华文明三源之一，镌刻于历史之碑。

一方水土，写一方历史。

其一，辽宁在中原与草原之间，写中国边疆史，辽宁占重要一席。东北土著有东胡、濊貊、肃慎三大族系。东胡族系以游牧为生，慕容鲜卑让朝阳成为三燕古都，契丹把长城修到辽东半岛蜂腰处，蒙古大将木华黎则让辽宁乃至整个辽东成为自己的封地。濊貊族系以农业为生，前有扶余，后有高句丽，从东周到隋唐，各领风骚700年，一座五女山城，更是让居后者高句丽在辽东刷足了存在感。肃慎族系以渔猎为生，从黑水到白山，从生女真到熟女真，渤海将辽东山地大部划入其境，女真通过海上之盟与宋联手灭辽，然后把辽宁当成入主中原的跳板，满族则以赫图阿拉、关外三陵和沈阳故宫，宣布辽宁为祖宗发祥之地。其二，汉以前，中原文化对东北有两次重量级输入，一次是箕子东迁，一次是燕国东扩。汉以后，灭卫氏朝鲜设四郡，灭高句丽设安东都护府，中原大军总是水路与陆路并进，辽宁始终站在一条历史的过道上，要么看楼船将军来征讨，要么看忽报呼韩来纳款，坐看夷地成中华，阅尽沉浮与兴衰。其三，近代史从海上开始，渤海海峡被英国人称为东方的直布罗陀，旅顺口则被英国人改叫亚瑟港，牛庄和大连湾更是先后变成英俄两国开埠的商港，震惊中外的甲午战争、日俄战争、九一八事变，让辽宁成为举世瞩目的焦点，于是，在辽宁就有了东北抗联，就有了《义勇军进行曲》，就有了辽沈战役，就有了抗美援朝保家卫国。历史一页页翻过，页页惊心动魄。

一方水土，生一方物产。

最天然者，一谓矿藏，二谓鱼盐。那些被电光石火熔化挤扁的物质沉睡地层亿万年，它们见过侏罗纪恐龙如何成为巨无霸，见过白垩纪小行星怎样撞击地球，也见过喜马拉雅运动和第四纪冰河。千淘万漉虽辛苦，吹尽狂沙始到金。于是，我们看到了，辽东有岫玉，辽西有玛瑙，抚顺有煤精，鞍山有铁石，盘锦虽是南大荒，地上有芦苇，地下有油田。更何况，北纬39度是一个寒暑交错的纬度，也是一个富裕而神秘的黄金纬度，在这个纬度上有诸多世界名城，它们是北京、纽约、罗马、波尔多、马德里，当然还有大连和丹东；在这个纬度上，有美丽而神奇的自然风景，它们是塔克拉玛干沙漠、库布其沙漠、青海湖、日本海、里海、地中海、爱琴海，当然还有环绕辽东半岛的渤海和黄海。公元前300年的"辽东之煮"，曾助燕一举登上战国七雄榜，而距今3000年前的以盐渍鱼现场，在大连湾北岸的大嘴子。迄至近世，更有貔子窝和复州湾走上前台，令大连海盐成为国家地理标志性产品。而大连海参，就是冠绝大江南北的辽参；大连鲍鱼，就是摆在尼克松访华国宴上的那道硬菜；丹东大黄蚬、庄河杂色蛤，则是黄海岸亚洲最大蚬子库的一个缩影。此外，还有营口海蜇、营口对虾、盘锦河蟹。辽河与辽东湾，你中有我，我中有你，方有奥秘杰作。最生态者，一谓瓜果，二谓枣栗。大连苹果、大连樱桃、桓仁山参、东港草莓、丹东板栗、黑山花生、朝阳大枣和小米、绥中白梨和鞍山南果梨，还有铁岭榛子、北票荆条蜜、抚顺哈什蚂、清原马鹿茸……物之丰，产之饶，盖因幅员之广袤，蕴含之宏富，土地之吐哺，人民之勤勉。

一方水土，养一方风俗。

古人曰：千里不同风，百里不同俗。古人又曰：历世相沿谓之风，群居相染谓之俗。古代辽宁，在农耕文明与游牧文明交互地带；近现代辽宁，在东方文明与西方文明对接地带。于是，土著文化、移民文化、外来文化在大混血之后，走向了融合与多元。于是，这个文化以其边缘性、异质性、冒险性，既穿行于民间，也流布于市井。在时光中沉淀过后，变成了锅灶上的美食，变成了村头巷尾的戏台，变成了手艺人的绝活儿，变成了过年过节的礼仪和讲究。最有辨识度的辽宁美食，在沈阳有满汉全席、老边饺子、马家烧麦、苏家屯大冷面；在大连有海味全家福、海菜包子、炸虾片、炒焖子；在鞍山有海城馅饼、台安炖大鹅；在抚顺有满族八碟八碗；在本溪有蜊蛄豆腐；在丹东有炒米糕子；在锦州有沟帮子熏鸡；在阜新有彰武手把羊肉。最具代表性的民间艺术，在沈阳有辽宁鼓乐、沈阳评剧、东北大鼓；在大连有复州皮影戏、长海号子、金州龙舞；在鞍山有海城高跷、岫岩玉雕；在抚顺有煤精雕刻、地秧歌；在本溪有桓仁盘炕技艺；在锦州有辽西太平鼓；在盘锦有古渔雁民间故事。最原真的民族风情，以满族、蒙古族、回族、朝鲜族、锡伯族为序，在辽宁有五个系列。若要下场体验，可以去看抚顺新宾满族老街、本溪同江峪满族风情街；可以去看阜新蒙古贞庄园、北票尹湛纳希纪念馆；可以去看沈阳西关回族美食街；可以去看沈阳西塔朝鲜族风情街、铁岭辽北朝鲜族民俗街；可以去看沈阳锡伯族家庙、锡伯族博物馆。民俗之复兴，是本土文化觉醒的重要标志，风情之淳朴，是本土文明的真正升华。

一方水土，扬一方威名。

近代世界，海陆交通，舟车四达，虽长途万里，须臾可至。当代世界，地球是平的，都会名城，同属一村，经济文化，共存一炉。辽宁是工业大省，前有近代工业遗产，后创当代工业传奇，写中国工业编年史，辽宁是不可或缺的重要一章。尤其是当代，辽宁既是名副其实的共和国长子，也是领跑共和国工业的火车头。沈阳铁西区，已经成为"露天的中国工业博物馆"。旅顺大坞、中船重工、大连港、大机车，已经以"辽宁舰"为新的起点，让现在告诉未来。鞍山钢铁厂、抚顺西露天矿、本溪湖煤铁公司、营口造纸厂、阜新煤炭工业遗产群，则用会当水击三千里的底气，托起辽宁工业腾飞的翅膀。辽宁是文博大省，行旅之游览，风人之歌咏，必以文化加持，而最好的载体，就是深沉持重的文博机构。辽宁在关外，文化积淀虽比不上周秦汉唐之西安，比不上六朝古都之南京，比不上金元明清之北京，却因地域之独特，而拥有不一样的出土，不一样的珍藏。而所有的不一样，都展陈在历史的橱窗里。既然不能以舌代笔，亦不能以笔代物，那就去博物馆吧。文物是历史的活化石，正因为有辽宁省博物馆、辽宁古生物博物馆、大连自然博物馆、旅顺博物馆、朝阳博物馆以及朝阳鸟化石国家地质公园等等，辽宁人确切地知道自己是谁，究竟从哪里来，因而对这方土地保持了永远的敬畏与敬意。辽宁也是体育大省，因为有四季分明的北方阳光，因为有籽粒饱满的北方米麦，也因为具备放达乐观的北方性格，辽宁人的运动天赋几乎是与生俱来。所以，田径场上，就跑出了"东方神鹿"王军霞；足球场上，就踢出了神话般的辽宁队、大连队；奥运会上，更有14个项目获得过冠军。最吸睛的，当然是足、篮、排三大球，虽然没有走向世界，但在中国赛场上，只要辽宁队亮相，就会满场嗨翻。看辽宁人的血性，辽宁人的信仰，就去比赛场上看辽宁队。

当今中国，旅游经济已经走过三个时代，这三个时代分别是观光时代、休闲时代、大旅游时代。观光时代，以旅行社、饭店、景区为主，最多逛逛商业街，买买纪念品，完成的只是到此一游。休闲时代，以行、游、住、食、购、娱为主，于是催生了"印象系列""千古情系列""山水经典"系列，也只不过多了几个卖点。如今已是大旅游时代，特点是旅游资源无限制，旅游行为无框架，旅游体验无穷尽，旅游消费无止境。就是说，考验一个地方有没有文化实力的时候到了，所谓大旅游时代，就是要把一个资源，变成一个故事，一个世界，一个异境，然后让旅游者蜂拥而至，让这个资源成为永动机，让情景地成为去了再去、屡见屡鲜的经典。

正因为如此，有了这套"山海有情 天辽地宁"文体旅丛书，梳理辽宁文体旅谱系，整合山水人文资源，献给这个方兴未艾的大旅游时代。

素 素

2025年1月于大连

目录

中华第一龙

——查海遗址

出阜新市区，沿101国道向东北行驶25公里，拐入查海村西的山冈，便是查海遗址。登临山丘，环视四野，顿生感慨，古人类选择安居地，真是智慧非凡。这里是北高南低、扇面形的平缓向阳台地，视野特别开阔，左右两侧均有深壑，这种地形不仅能躲避洪涝灾害，对外族人的入侵、野兽的侵扰也能起到阻挡作用。

临河而居，是所有古人类遗址的共同特征，山下则是绕阳河上源八道河的上游，又是一道天然屏障。可以想象得出，8000年前这里是浩浩汤汤的大河，古人既可渔猎，又可驾舟出行。居住地不远处还有泉水，现名为"玉龙泉"，引过去就能浇灌略显沙性的土壤，这种土壤特别适合播种谷物。在这里定居，既安全，食物又充足，不具备相当的智慧，不会选出这样难得的居住地。

参观查海遗址，我很幸运，我的阜新蒙古族自治县文友王冬请来了查海遗址博物馆馆长李井岩，由他给我讲解，让我从资料中走出，从浅表的感性参观，进入理性的考古思考。李馆长是"中国史前遗址博物馆"系列丛书《玉龙故乡》的主编，曾发表过不少学术论文，是对查海文化研究得最精深的学者之一。

查海遗址是1982年文物普查时发现的，先后进行了7次正式发掘，现存面积12500多平方米，发掘房址55座、室内窖穴23个、室外窖穴37个、居室墓6座、中心墓葬10座，出土完整和可修复陶器

1177件、石器2411件、玉器44件，以及大量的陶器残片、动物遗骨和植物炭化物等。经C-14测定并加树轮校正，可推测出遗址年代距今约8000年，是我国北方辽河流域发现年代较早、保存完整、文化内涵丰富的一处新石器时代古人类聚落遗址。

著名考古学家苏秉琦先生得知查海遗址有如此多的发现，欣喜若狂，亲临发掘现场，欣然命笔"玉龙故乡，文明发端"。苏先生是我国考古事业的奠基人和开拓者，也是红山文化的重要发现者，对古红山人"唯玉是葬"研究颇深。查海先民精美的石器、陶器、玉器，让苏先生有了新的学术观点，那就是查海是"先红山文化"。从某种意义上讲，查海是红山文化的源头。

李馆长如数家珍地说着查海的考古发现，最终道出，6000年的红山文明看牛河梁，8000年的红山文化看查海。牛河梁将中华文明史向前推进了1000年，查海将红山文化向前推进了2000年。

世间的事情就是这么奇妙，发现得越多，困惑也就越多。李馆长说，每件文物背后都承载着一个故事，记录着一段历史，描述着一场兴衰，见证了文明的起源与发展的历史过程。虽说他对查海文化的研究超过了25年，已经成为查海文化最权威的专家之一了，却有三大未解谜团一直困扰着他。

第一个是石头的困惑。

当然，这种困扰，不是来自作为生产、生活工具的石器。查海文化属于新石器时代，主要是打制和磨制石器，种类比较齐全，件件独具匠心，分类也十分清晰。用于农业生产的石铲、石斧、石凿、石刀和现在正在使用的铁锹、铁镐、斧头等，在外形上十分接近。石器的选料也很讲究，有深灰色页岩、黑色油页岩、灰白色花岗岩。石器并非完全就地取材，而是根据用途，选取不同的石料，制成不同的石器。比如石铲，石料来自20多公里之外海棠山的磨盘沟。

李馆长模仿古查海人，亲赴磨盘沟选取石料，做了若干件仿品，用麻绳捆绑在木柄之上，放置在博物馆的角落。我好奇地从中挑选一件深灰色石铲，走到室外的田野去挖土，居然挖出了铁锹的感觉，碰到石头，坚硬的石铲居然发出了金属的声音。还有磨出了刀刃的石斧、石刀，用来砍树、割庄稼，和我们现在仍在使用的铁制工具毫无二致。可以说，8000年前的石器，是我们现在使用铁器的祖师爷。

查海遗址中，还有许多加工工具。最让人称奇的石器，是石磨盘和石磨棒。磨盘为圆角长方形，呈平展的凹形，弧度也是恰到好处，而石磨棒皆为圆柱体，像擀面杖一般浑圆而平滑。磨盘与磨棒配合得天衣无缝，不仅能将谷物去壳变成米，也可以磨碎干果，甚至磨出面粉。体积更小的石钻、石核等细石器，是制造多种石器的工具，多为质地坚硬的燧石、沉积岩，甚至木化石、玛瑙等，用于给石器钻孔。

这些用于生产和加工的石器，分散在55个半地穴式的房子里，大多依"墙"而立，摆放有序。房子里都有深挖下去的灶址，有的还不止一个，这些灶具有取暖、照明、蒸煮或烧烤食物的功能。

8000年前的炊烟从阜新袅袅升起，古查海人形成了自己的部族社会，进入了丰衣足食的农业社会。之所以敢卜这样的结论，是因为穴居的屋舍里，出土了大量炭化了的谷物、果壳，还有猪骨、鹿骨等。

当然，保卫这个劳动成果的，还有他们的"武器库"。古查海人选择质地坚硬的石英岩、花岗岩、玄武岩，打磨成4~10厘米见方的圆形或方形的石块。把它们囤积在保存粮食的窖穴外侧，一旦遭遇外族人来抢掠，便可以随时抓起来投掷。

这些石器，用途十分鲜明，唯有一种石头，李馆长百思不得其解，那就是石龙。博物馆的后面，就是石龙遗址所在地。站在护栏的外面，可以看到一幅奇异的景观，众多的房址环绕着其中最大的房址F46，牵扯房址腾飞的是一条全长19.7米的龙形堆石遗迹。

伏在山坡上的石龙，身体略呈弯弓状，面向西南，尾甩东北，龙角高挑，昂首张口，三道龙爪鲜明地置于身下，红褐色的石块有序地嵌在龙身，恰似片片龙鳞，逐渐弯曲变细的龙尾，直抵F46房址，仿佛是房主人特意释放出来的巨龙。

新石器时代，大多遗址聚落都是居址葬，也就是活在哪儿葬在哪儿，生死相居。古查海人葬俗虽然也是如此，但出现了中心墓区。石龙尾牵最大房址，爪踩中心墓区，究竟是何种含义，李馆长至今没有考证明白。但有一点是明确无误的，查海龙形堆石，是迄今年代最早、形体最大的龙形象，堪称"中华第一龙"。

第二个是精美陶纹的困惑。

查海的陶器，虽远在8000年前，却得到很好的保存，大量的陶器大多保存在房址的西北部。应该说，陶器是人类最伟大的发明，是人类创造出的第一个自然界中没有的东西。陶器广泛地用于生活，是新石器时代定居农耕部落的显著标志。作为那个时代极其珍贵的物品，有近万件陶器保存下来，只能说明遇到了偶发变故，人们还没来得及搬走，灾难就来临了。

查海的陶器最普遍的是陶罐，也有钵、杯、纺轮等，大多为生活用具，少量为生产用具。陶罐大体上分直腹罐、鼓腹罐、斜腹罐三类。陶罐的口径大多在20厘米以上，高30~40厘米不等。陶器隔湿隔潮，古人想保存粮食，陶器是最好的选择。

当然，也有保存不好的时候，发酵了，那就成了酒，类似于米酒，和后来的蒸馏酒不是一回事。李馆长说，酒不是人类发明的，而是自然界赐给人类的礼物。查海出土了30件陶杯，就是饮酒的器皿。经过考证，他写了一篇《查海遗址谷物酿酒和酒文化研究》的论文。

陶器的谜不在于用途，也不在于粗糙的焙烧，而在于精美的纹饰，无论是压印"之"字纹、划花纹，还是交叉线纹和席纹，都精细得令人叹为观止。最让人称奇的是，查海陶器，除了纹饰，还有"浮雕"，蛇衔蟾蜍陶罐，更是栩栩如生。

很难想象，查海先民如何运用数学和几何把纹饰刻划得精美绝伦。这不仅是我的困惑，也是李馆长百思不得其解的谜。

最后是玉的困惑。

查海遗址共出土玉器44件，其中玉玦7件、玉匕13件、玉管6件、小玉环1件，以及玉斧、玉凿等生产工具。查海的玉器均为透闪石、阳起石软玉，莫氏硬度达6~6.5。能将如此坚硬的玉磨制成精美的玉器，说明查海先民对玉的识别、加工和使用已经相当娴熟，且以玉为佩，相伴终身，并随葬墓中。

先民认为玉是石头的精灵，是人与神沟通的媒介，具有除祟、辟邪、祈福的作用，世代先民皆把玉奉为圭臬。查海遗址发现的玉器并不很多，但意义非同寻常，已经超越了实用性，具有了精神内涵。其中玉玦做工尤为精美，除了没有纹饰，各种比例极为匀称。这种闪烁着温润光泽的耳饰，不仅仅是审美的需求，更是身份等级的象征，非部落的首领、巫觋、功臣没有佩戴的资格。玉管和小玉环，用绳子穿成串，戴在脖颈、手腕、脚腕上。玉匕则是一种佩饰，携于腰间，地位象征高于防身功能，同样是上层人物的身份标识。查海玉器已凸显其社会功能，是阶层分化和社会分工的产物，磨玉的工匠，终其一生可能没有一件属于他的玉器。

苏秉琦先生认为，查海玉器蕴含着文明初现的时代特征，是氏族向国家转化的转折点，中华民族"上万年的文明起步"。

李馆长对以查海遗址为中心的东北亚玉玦文化带充满自信，但有一点，他却没有一点自信——查海的玉到底是从哪儿来的？就地取材，阜新有玛瑙，不是软玉。虽然和2000年后的牛河梁玉器造型相似，却不是来自岫岩。最大的可能是随迁徙而来，查海先民跟随猛犸象的足迹，从贝加尔湖来到辽西，或者干脆就是征战掠夺来的。

不管用什么方式获取的，查海遗址的玉究竟产在哪里，至今仍是未解之谜。

红山古国

——牛河梁遗址

　　这里曾是个名不见经传的地方，却也是改变历史的地方。

　　牛河梁，一道普通得不能再普通的山梁，位于辽宁省建平县与凌源市的交界处。1981年春，一个石破天惊的发现让这里名满天下。考古界在文物普查中发现，这里是5500年前红山文化晚期的遗址。

　　这一发现震惊中国考古界，著名考古学家苏秉琦等亲自到现场考察。随着发掘的进一步深入，人们发现，这里有规律地分布着祭坛、女神庙、积石冢等。一般来说，原始部落，居住与祭祀同为一处，独立于居住区外的祭祀遗址，且规模如此宏大，已经不再是部落的力量，起码具有国家的雏形。

　　这些史前考古实物，证明辽河、大凌河两河流域的辽西先民，已开启了文明的曙光，与黄河、长江流域的史前文明一道，成为中华文明的重要发源地。

　　至此，牛河梁被确定为红山文化的核心区。

　　红山文化首先发现于1935年，因位于内蒙古赤峰市郊红褐色的山后而得名，直至牛河梁祭祀遗址的发现，文明古国的雏形重见天日，才使其声名鹊起。从更大的范围看，红山文化涵盖河北、辽宁、内蒙古三省区交界处的广阔地区。

　　牛河梁名出于牤牛河（大凌河支流）源头的山梁东麓，整个遗

牛河梁遗址博物馆

址置于万亩松林丛中，冬夏常青，空气清新，环境幽雅，除却几座保护遗址的建筑点缀在松林间，依然保留着原始的自然风貌。之后，在牛河梁周围更大的范围内发现多处遗址，统称为牛河梁遗址。

红山文化晚期（距今5500~5000年），先民们已经告别蒙昧、脱离野蛮，在中华大地的东北方开启了文明之旅。此后，因气候干旱与寒冷等诸多因素，红山文化逐渐南迁，与其他文化碰撞、融合，最终形成多元一体的中华文明。

同其他古文明一样，红山文化祭坛是人类最早的建造物之一，牛河梁祭坛是中国考古发现中的第一座祭坛，从某种程度上讲，祭祀文化起源于牛河梁。这里的祭祀活动，反映出红山人看待世界的观点以及对自然界的理解。

祭坛分圆形和方形两种，保存最完整的是牛河梁遗址第二地点的3号祭坛。这座祭坛为圆形，以红色花岗岩为主要材料，由外向内砌筑，逐级升高，形成三个层级的同心圆，直径分别为22米、15.6米、11米。三重祭坛所用的石头都是挑选过的六棱石柱，内层石头圈里面还摆放了祭祀用的筒形器。有意思的是，三重圆的大小比正好是 $\sqrt{2}$。

据考古学家冯时先生测算，这三个大小不同的圈分别对应着冬至、春秋分和夏至，与地上所观测的太阳的运行轨迹相同，即三天两地，所以推测三重圆应该是祭天用的坛。很多学者把它和北京天坛联系起来，认为这就是祭天场所。从牛河梁遗址分布情况来看，坛位居整个遗址区偏南侧，与后世的礼仪制度——北郊祭地、南郊祭天完全吻合。

无独有偶，牛河梁第五地点的祭坛，是四边石块砌筑整齐的方形，东西长10米，南北宽5米，表面的石层下发现成排的人骨。两座祭坛，一圆一方，形成规制，保存完好，无疑反映出红山古人的

牛河梁红山文化展示中心

一种理念——天圆地方，并熟练地运用于祭祀。

红山女神庙发现于1983年秋，是牛河梁遗址最为重大的发现之一。女神庙位于牛河梁主梁顶部第一地点的1号建筑址，是遗址的最高处，向南与之相对的是一座形似猪首的山峰。揭开表土后，看到在女神庙里有栩栩如生的女神头像，泥塑熊的下颌还有泥塑的熊爪、鹰爪，还出土绘有几何图案的彩绘壁画残块，由此可知，女神庙被装修得非常精美。

庙址平面呈"亞"字形，总面积75平方米，建筑材料完全不用石料，应该是半地下式土木结构建筑，庙址距地表20~50厘米。从庙址中已经炭化的木柱和被火烧过的陶器分析，女神庙应该毁于一场大火。

据考证，女神庙这种主次分明、左右对称、前后呼应的结构和布局，已经具备宗庙的雏形，开创了后世殿堂和宗庙布局的先河。最值得称道的是女神头像的出土，这是个用黄土塑造的头像，能把5500年前红山人的形象保存至今，实属不易。女神头像通高22.4厘米，通耳宽21厘米，额顶有箍饰，鬓角有竖行系带，镶嵌玉石为睛。

女神像与真人一般大小，是个丰腴的少妇，面部特征高度写实，脸平颧高眼炯鼻阔唇薄，蒙古人种的特征非常明显。女神像是红山人模拟真人塑造的女祖像，而不是由后人想象创造的"神"，被考古界誉为"海内孤本"。中国著名考古学家苏秉琦先生定论道："她是红山人的女祖，也就是中华民族的共祖。"

提及中华民族的共祖，人们不约而同想到的是上古民间神话，女娲抟土造人、采石补天。女娲毕竟是在传说中存在，而红山女神却是真实存在的顶礼膜拜的偶像。女神庙作为红山人先祖偶像的供奉之所，用于当年神圣的宗教祭祀，使用上具有很强的专一性。

崇拜女神的辽西先民，将中华文明史提前了整整1000年，闪耀着"中华五千年的文明曙光"！

中国古代王朝，特别讲究"天坛、太庙、帝陵"组合为一体，按南北一条中轴线布局。而早在牛河梁遗址中，"坛庙冢"中轴线的设置、三位一体的建筑格局、"北庙南坛"的祭祀理念，已现雏形，成为后世的"祖型"，并传承了5000多年。

从某种意义上讲，红山文化应为中国帝王祭祀文化的重要起源。因为牛河梁还有一个重要发现，那就是目前中国最早发现的"王陵"——积石冢。

顾名思义，积石冢就是红山先民用石块堆积成冢进行墓葬，这是红山文化时期主要的墓葬形式。积石冢全部位于山冈的顶部，冢群内部设有中心大墓、大墓、中小型墓、附属墓等，它们的大小、等级、陪葬品数量、墓的位置都有区别，反映出当时社会的等级差别。

所谓的"王陵"，就是牛河梁遗址的中心大墓，为"一人独尊"，有宽而深的墓穴、台阶，大型石棺内有多层石板平砌，内壁平齐。随葬玉器数量多、种类全、选料精、工艺讲究，已经达到相当高超的水准。

积石冢集中体现了"唯玉为葬"的特点。玉器被红山先民视为自然造化之精髓、天地灵气之结聚，在祭祀活动中，成为通天地、礼四方、祀鬼神的社稷重器。墓主人生前唯玉通神，死后便随其下葬，强烈地凸显出玉已经成为重要礼器，是专用祭祀礼仪的器物。王巫作为红山古人的最高统治者，通过"郊燎祭天"的方式，手持玉器，与神沟通，用燃烧物的烟气，把人们的心愿带到天上，形成"王权神授"的合法性。

牛河梁遗址出土的这些玉器既有写实的，又有抽象的；既有动物形的玉饰，也有上下贯通的马蹄状玉箍，还有神秘的勾云形玉佩。关于红山先民为什么只随葬玉器，专家认为这些玉器承载着红山人"通神"的重任，只有处于社会顶层的巫者才有资格随葬玉器。

玉礼制度，是中国传统文化不可或缺的一部分，更是研究中国文明发展历程的一个重要文化因素。红山先民"以玉事神"，开创了中国人用玉的第一高峰，开创了"以玉载礼"的新风尚，使后世产生了以玉为信、以玉为礼、以玉为美的传统文化。

玉器堪称红山文化的一道亮丽光环，精美绝伦的玉人、玉凤、玉璧、玉猪龙、勾云玉佩等文物，都为国宝级文物，早已价值连城，文玩界对红山古玉的收藏兴趣极大，这也为红山文化的研究带来了难度。所幸近年来随着对红山文物保护的增强，文物流失现象已经得到遏制。

中国人素来以龙的传人自居，红山文化中的玉猪龙、碧玉龙，作为中华民族最早的龙的符号，已广泛地存在于我们生活的每个角落，如华夏银行标志便来源于红山碧玉龙。

巨石崇拜

——辽南石棚

　　探访辽南石棚，是艰难的行程。从鞍山海城的析（sī）木到大连金州的小关屯，从营口大石桥石棚峪到大连庄河白店子，石棚遍布整个辽东半岛，大大小小有上百座，而大连瓦房店、普兰店发现的最多。这些石棚，大多在荒郊野外孤立地存在，若不驾车，几乎无法探究。

　　不过，驾车劳顿也是值得的，要知道，石棚在世界上很多地方都有分布，比如欧洲的丹麦、法国、德国，非洲的埃及，亚洲的叙利亚、土耳其、日本，都曾经发现过石棚。我国的浙江石棚墓群具有一定的规模，山东、四川、湖南等省份也有少量遗存。而辽南石棚是世界上规模最大、类型最全的石棚遗址。

　　石棚属于人类社会早期的巨石文化，世界各地的石棚大体相似，这印证了早期人类文明的同一性。如果没机会去看吉萨金字塔、蒂亚瓦纳科城太阳门、具茨山巨石、卡纳克列石阵、复活节岛石像，去辽南自驾游，一路观赏辽南石棚，也是不错的选择。

　　辽南石棚是何时建造的，考古界还无法给出准确的定论，没有明确的文字记录是一方面，更重要的是大多数石棚破损严重，出土文物又极少，无法对每座石棚判断出具体的修建年代，只能对已经出土的石器、陶器、青铜器等文物进行梳理、归纳、排序，为所有的石棚给出大概的范围。辽南石棚大约修建于新石器晚期至春秋

营口大石桥石棚

战国时期，最早的已早于3000年前，与朝鲜半岛和日本境内的支石墓属于同一体系。

虽然世界各地石棚形态各异，但基本造型大体相同，利用多块石块或石板为支撑，顶部搭建盖石。人们不禁要问：辽南石棚的用途是什么？答案并不复杂，墓葬和祭祀。但得出这个答案，却经历了复杂的过程，因为出土文物较少，需要大量的论证才能更接近真实。

先说墓葬，5500年前的牛河梁红山文化遗址都能出土大量的人类遗骨，那么3000年前的辽南石棚中，为何极少见到骸骨？据考证，辽南的史前人类与辽西属于不同的文化圈层，辽南石棚的族属极有可能是东北夷的嵎夷及其后期形成的貊族。

貊族有火葬习俗，巫师、部落首领等人物过世后，遗体会停留一段时间，等到石棚建造完毕，再将遗体火化，遗骨移葬石棚墓，丧葬形式多为明葬或浅葬。所以，骨灰很快融于泥土，或被风雨带走。虽说大多石棚如此，但也有例外，大连金州区双房石棚群中就出土了烧蚀过的人类骸骨，陪葬品为貊族的代表性器物曲刃青铜短剑和粗砂陶器。

石棚分为大型、中型、小型三类。大型石棚前都十分宽敞开阔，既可以做火葬场所，又可承纳祭祀仪式。史前先民对自然界认识有限，对超越自身能力的事情，都认为是神的力量。部落中能与神沟通的不是部落首领就是巫师，他们过世后，石棚便成了与天神沟通的场所。所以，他们在修建石棚时不遗余力，强烈地表达与天地神明沟通的愿望。

营口盖州石棚山的石棚就是这样的杰作，这是我国现存最大的石棚。石棚立于平缓的圆形台地上，用花岗岩石材打磨加工而成，高约2.5米，顶石南北长约8.6米，东西宽约5.7米，厚度最厚可达

0.55米。经过计算，这块顶石重达60吨，莫说是史前先民，就是当下，凭借巨大的机械力，能把如此之重的巨石装在石柱和石板之上，也不是件容易的事。史前先民能把巨石移上去，本身就是惊天地泣鬼神的事情，其难度不亚于愚公移山。

这足以说明，祭祀对于辽南先民来说，比生命还重要。要知道，原始社会时期人类生产力水平低下，生活环境恶劣，仍然执着地完成如此艰巨的工程，便是凭借精神的力量。原始部落通过对巨石的征服，体现对自然的膜拜，昭示自身的存在，以此凝聚部落的向心力，在蛮荒的自然中确立人类特殊的生命价值与意义。

自然，先民们对石头的崇拜不是无缘无故的，岩洞是古人最早的居所，在这里他们可躲避野兽，得到安全，获得温暖，储存食物，取得相互信任，人们对于山岳产生了母亲般的依赖。相信灵魂不朽的先民们，把部落首领和巫师的骨灰装入石棚，等于给他们营建了独立的岩洞，让他们在另一个世界和山石一样万年永固。出于对山岳的崇拜、对神灵的渴望，石棚便成了人与神之间沟通的载体，他们经由石棚进行祭祀、祈福以祈求神灵的佑护。

那么，辽南石棚属于哪一种史前文化？通过与周边新石器文化地层关系与堆积特点横向比较，考古学家找出了亲疏远近关系。在早期阶段，主要受新乐下层文化、后洼下层文化以及马城子下层文化的影响；在中期，则与左家山上层文化、后洼上层文化以及山东半岛大汶口文化的一些地方类型产生了交流；而在后期，则受到了山东龙山文化的冲击。所以，辽南地区新石器文化从未产生过断层，具有明晰的连续性，并且拥有较长存续时间的文化序列。

厘清了文化序列，我们就找到了辽南先民形成包括巨石崇拜在内的原始宗教，并产生修建巨石建筑的社会冲动的原因。中国文化中很早就有祭祖与祭天的传统，认为先祖与天地具有同等重要的地位，也是"天人合一"的文化观念的映射。这种思想将人与自然放置于同一层级，将对于自然力量的崇拜与对于人类自身的崇拜融为一体，为石棚建筑的产生提供了社会基础。

在众多的辽南石棚中，最壮观的当数盖州石棚山石棚，石棚内可容纳数人。尽管相关部门不断地强调保护文物，但里面常被人摆入各种神像，焚香敬供。而保存最完整、做工最精巧的则是海城析木城石棚。析，音 sī，草名，形似燕麦。《汉书·司马相如传上》曰："其高燥则生葳析苞荔。"析木城石棚在姑嫂石山上，也是块台地，顶石呈方形，南北长约6米，东西宽约5.1米，厚约0.5米，整体高2.8米，同样也是花岗岩打磨加工而成。辽南百座石棚，唯有这一座四面皆有挡壁，做工精细，嵌套准确。

中型石棚，规模尺寸介于大型石棚和小型石棚之间，高度约为1.5米，顶石长宽约为2~4米。石材均稍事加工，不太规整，壁石与盖石之间套合不甚紧密，也不规整精细。主要分布于较低矮的台地或平地上，如金州小关屯石棚、普兰店双塔台子石棚等。

小型石棚，普遍高度不足1米，顶石长宽约2米。石材很少有加工痕迹，壁石直立，壁石与盖石相互套合不规整，盖石大部分未伸出壁石外，棚室趋于方形。多分布在平地上，有的成排地分布，形成石棚群。如普兰店双房石棚、岫岩兴隆石棚、盖州连云寨石棚等。

尽管考古人员费尽了心思，可是史前先民为何要造石棚，这个谜团依然没有解开。然而史前辽南先民对于神明和自然的崇拜倾向，早已不言而喻。对辽南石棚的保护与探究，也是出于对中华民族探源的需要，对丰富民族的历史文化内涵具有积极的作用。

流浪的礼器

——喀左窖藏青铜器

燕山横亘在华北北部，千山万壑，犹如天然屏障，将华北与东北隔开。但地理的分割阻挡不住人类的足迹，无论远古还是上古，山脉南北的人们，克服千难万险，跋涉万水千山，不断地突破这道天险，将两侧的文明紧密地联结在一起。

现如今的朝阳地区，在远古和上古时期，一直就是两侧文明交融的通道，把不可逾越的地理鸿沟，变成文化传播与民族交融的桥梁和纽带。因此，这里最早受中原文化的影响，并向北、向东不断传播。

由于燕山的阻隔，即便是交通发达的今天，关内外的通道也仅有几条。况且，上古时期，河泽遍地，尤其是辽西走廊，河泽湖海混沌在一起，"天下第一关"的榆关还未形成，能够穿过燕山的通道少得可怜。古往今来，最便捷的路，就是沿河岸而行，这样便不必历尽艰辛地翻山越岭、披荆斩棘。此外，还有一个更大的好处，可以水陆并进。

于是，从燕山流出的两道河流纳入古人的视野，那便是北流的大凌河与南流的青龙河。从东北入中原，走青龙河便可抵达，出燕山入东北，走大凌河则是一条最容易走的通道。由此，大凌河便像一条血管，将中原与东北血脉相连地牵在一起。

国际上，为世界文明起源研究公认的文明认定标准有五项：一是生产力高度发展，剩余食物积累，人口显著增加，社会分工明确；

二是阶级和等级分化制度；三是出现都邑性城市；四是区域聚落等级化发展，显现城乡差别；五是文化发展。从20世纪50年代开始，朝阳市喀喇沁左翼蒙古族自治县的大凌河两岸，陆续出土了大量的窖藏青铜礼器，震惊了考古界，引发各类不同的猜想。

　　一般来说，青铜器大多出土于商周或春秋战国时期的古墓，但喀左只有窖藏的青铜礼器，没有贵族古墓随葬的青铜器，又没有大型都城的遗址，文明古国的猜想找不到实证。那么，为何凭空如此频繁地发现窖藏青铜器？这些青铜器的主人是谁？为何要将如此多的青铜器埋藏在大凌河古道旁？

　　带着这些疑问，我特意到喀左考察。县政协主席许春雨对青铜器很有研究，陪同我参观了喀喇沁左翼蒙古族自治县青铜博物馆，到北洞村窖藏青铜器出土现场，身临其境地感受地理环境。

　　在博物馆里，我徜徉于各种青铜鼎、青铜盂、青铜簋（guǐ）、青铜甗（yǎn）、青铜卣（yǒu）、青铜罍（léi）和青铜鸭形尊之间，感受着商鼎周彝的历史苍茫。从1955年到1974年，喀左大凌河上游先后发现6处窖藏青铜器，出土文物60余件，几乎都是大型青铜礼器，且多铸有族徽一类铭文。其数量之多、品级之高，丝毫不逊于中原发现的先秦列国的青铜器。

　　这么多国宝级的青铜礼器陈列于县级博物馆，我感到诧异。许主席不无遗憾地告诉我，这些全是仿品，最珍贵的匽侯盂和鸭形尊被国家博物馆珍藏，其余的几十件全在辽宁省博物馆的青铜馆中。由于仿品皆在玻璃罩中保存，几乎可以说是以假乱真了。但我们也都释然了，既然是价值连城的国宝，国家收藏更安全，也更有价值。

　　驱车沿306国道一路向南，大约40公里，来到了喀喇沁左翼蒙古族自治县平房子镇北洞村。村子东南的大凌河右岸，有一座突兀出来的山冈，山冈的半腰，相距不远，有两个凹陷的深坑，许主席告诉我，这便是两处窖藏青铜礼器出土的地方。

望着长满荒草的这两个地方，在许主席的讲述中，我仿佛回到了1973年草长莺飞的季节，看到正在给生产队打石头的村民，掀开了距地面30厘米的一块光滑的石板，发现了里面竟然按祭祀的方位摆放着红锈残存、绿锈斑斑的大家伙，人们惊得目瞪口呆，以为找到了藏金洞。

他们把石板一掀，掀开的是历史的沧桑，让人类的文明从地下的黑暗中重见天日，从而也掀开了一段历史的谜团。这便是后来被文物工作者命名的北洞1号窖，里面的礼器是五罍一瓿。没多久，考古人员又发现了2号窖，出土了箕侯鼎，内壁著有长篇铭文。正因为有铭文的存在，其史学价值不可估量，属于稀世珍宝。2号窖出土其他珍品——方鼎、圆鼎、罍、簋、钵等，同样价值不菲。巧合的是，两座窖藏，除了样式不同，均是6件，这就意味着，6件是祭祀的标准，只是内容不同罢了。这些青铜礼器上的铭文与饕餮纹精美绝伦，用实物证明了辽西大地与中原文化的水乳交融。

站在山梁，俯视大凌河两岸，宽广的山谷平原，依然能感受到当年的河水汤汤，伴着许主席的讲述，我陷入几种猜想中。

第一种猜想：商朝末年，国势衰微，武王伐纣后，纣王之叔父箕子，携商朝之礼仪，沿华北平原之滦河，上溯至青龙河源，转道相邻的渗津河（大凌河支流），到达了大凌河右岸的洞口。见此处有孤山一座，犹如半岛插入大河之中，恰好能面向西南，向殷都祭祀，便弃舟登岸，开始"教其民以礼仪，田蚕织作"，按商朝的社会管理模式治理辽西。后来，不知发生了什么变故，箕子东迁至辽东，直至建立了"箕子朝鲜"。也不知什么原因，箕子临走时并未将这些大型青铜礼器带走，而是直接窖藏于祭祀地。

青铜礼器大多重过几百斤，上古时期即便是车载，最坚硬的木轴也承受不住如此重压。我支持许主席的猜想，唯有船载，才能解决运输难题。大凌河两岸频频发现窖藏青铜器，而渗津河汇入大凌河之上，却踪迹皆无，更加证实了上古时期渗津河与青龙河相通。

北洞的青铜窖藏，解释为箕子为建国于朝鲜，途经辽西时所遗，还算说得通。但让我百思不得其解的是，这些青铜器的时代跨度从商代延至战国时期，其中以燕国的青铜器为主。此时，距箕子朝鲜已经过去了几百年，这是难以解释得通的。

第二种猜想：铭文中有诸多的"孤竹"字样，说明这些青铜器是孤竹国的。而孤竹国为商汤时分封的诸侯国。考古调查发现，与窖藏地址相邻处有多处古代城址遗迹，这说明当时大凌河古道有城址存在，且人类活动频繁。而周灭商时，孤竹国君的两个儿子不食周粟，宁肯饿死在首阳山。作为国家象征的祭祀礼器，岂肯让它们落入武王之手？窖藏埋在地下便是不二选择。

最为广泛的猜想是燕国说，因为出土了青铜礼器匽侯盂。"匽"即"燕"的异写，战国时期，孤竹国被燕所灭。燕国大批青铜礼器流入辽西。因为北京琉璃河的燕国贵族墓葬群发现大批青铜器，与喀左大凌河两岸发现的青铜器高度重合，说明它们极有可能是战国末期燕王喜和太子丹败逃辽东时所藏。

当然，还有另一种猜想：青铜礼器并不是窖藏，本身就是祭祀山川专用，祭祀仪式结束后就地埋葬。

站在孤山之上，我眺望远方的同时，也眺望着历史。

不管怎么说，喀左的大凌河两岸，有着先秦时期的亭台楼阁、城堡遗址，更有白庚都、酉城都等城市的史料记载，而青铜礼器则是燕山两侧先民们共同的祭祀信仰。文明的传播是双向的，我仿佛看到，大批少数民族沿着大凌河、青龙河古道，奔向中原腹地，融入中原的文化之中。

大秦国门

——碣石

碣石位于绥中县东戴河的止锚湾,东距县城56公里,西距山海关15公里,距姜女庙不足10公里,与山海关港毗邻。关内外的高速公路在这里交会,高铁动车在这里停留,处于枢纽地带,交通自然十分便利。

这里天蓝海碧,海滩宽阔平缓,白沙细腻绵绵,水浅浪缓,清澈见底,是渤海湾最好的浴场,天然的避暑胜地,每年盛夏吸引大量国内外游客来此休闲度假。齐胸的浅水,布满了逐浪戏水的游泳者,享受着海水的抚摸、白鸥的翔伴,体会着细沙对脚的柔情摩挲。

望着开阔无边的大海,每一名游客都会把城市的狭窄、拥挤、喧嚣抛到九霄云外。在与大自然的亲近中,人们心胸顿时豁然开朗,获得了久违的神清气爽、心旷神怡,自由得像海里游动的鱼。

最令人称奇的是,距岸边200多米处,耸立着3块奇形礁石,称为碣石,也是历史传说中的孟姜女坟。3块巨大礁石,高出海面20多米,站在不同的角度观赏,会有不同的视觉效果。站在西侧的黑山头观看碣石,仿佛是一只褐色的公鸡屹立海面,扬颈啼鸣;在正面直视碣石,又宛若一位少妇携着一双儿女望海盼夫。

海中卓然而立的碣石,古往今来让人产生无限遐想,最著名的便是"孟姜女哭长城"的传说。孟姜女为寻找修长城的丈夫范喜良,来到了山海关,听闻丈夫被秦始皇奴役致死,悲痛至极哭倒了长城。

碣石

埋在长城里的丈夫遗体显现了出来，她为丈夫投海殉情，化作了姜女坟，永远屹立于海中陪伴丈夫。

若是霞光初起时，黝黑的碣石还会有另一种景象：左侧站立的石头，青发高绾，形似深情凝望的孟姜女；右侧仰卧的状如身材魁梧、蜷曲着身躯的范喜良。

事实上，这段揭露秦始皇暴政的传说是经不起历史推敲的，因为山海关长城始建于明朝，与秦王朝有近2000年之遥。但传说的力量依然强大，距此不远的姜女庙，善男信女的香火不断，就是例证。千百年来，人们在诗文和戏曲中着力塑造孟姜女孤苦凄凉、坚贞守望的形象，渲染浓重的悲剧情调。而清代道光皇帝的一首诗却与众不同："当年抗节塞门风，凄惨孤芳付海东。一点灵犀通冥漠，想他好合两心同。"这首诗充分表达了诗人的美好愿望，希望孟姜女与丈夫能在另一个世界里两情相悦、和美相处。

虽说传说不可信，但秦始皇到达过这里，既有文献记载，又有大量的考古发现，否则秦皇岛之名，岂不是空穴来风？不管怎么说，古往今来，太多的名人钟情于此，留下许多绝美的诗篇。其中最著名的有两首诗词，一首是曹操的《观沧海》，另一首是毛泽东的《浪淘沙·北戴河》。

曹操北征乌桓，平定了辽西、辽东后，登临此处，极目远望，纳百川，汇江河，一碧万顷，水天一线，沧海浩瀚无际，不禁心旷神怡，感慨万千，气壮山河地写下了"东临碣石，以观沧海。水何澹澹，山岛竦峙"。

然而，史学界一直对曹操东临碣石的地点有不同的争议，另一种说法是曹操经过的是河北的碣石山，至于哪一种是历史的真面目，已无从知晓。但毛泽东的"大雨落幽燕，白浪滔天，秦皇岛外打鱼船。一片江洋都不见，知向谁边？往事越千年，魏武挥鞭，东临碣石有遗篇。萧瑟秋风今又是，换了人间"，确切地指出碣石为秦皇岛外，也指明其就是如今的东戴河。

碣石令人留恋的，不仅仅是自然风光和历史传说，还有重大的考古发现，那便是碣石宫遗址群。经考证，这里为当年秦始皇、汉武帝东临碣石的驻跸之地。遗址范围南北长4公里，东西沿海岸3.5公里，面积达14平方公里，分布在石碑地、黑山头、瓦子地、金丝屯、红石砬子和周家南山等处，包括6处大型宫殿遗址。其中碣石宫遗址为6处遗址中最大的一处，1988年被列为全国重点文物保护单位。

碣石宫遗址坐落在石碑地，是整个遗址群的主体建筑。总体布局为长方形，南北长500米，东西宽300米，占地面积15万平方米。四周构筑夯土墙，墙基宽2.8米，内外壁陡直。遗址的立体建筑靠近海岸线，遗留下来的夯土台高达8米，地基边长40米，有一半沉入地下，是一座规模宏伟的高台多级建筑。2000年前的行宫中的大小居室、排水系统、储备食物的窖井等，均清晰可见。

从这里出土的建筑使用的当头筒瓦，当头为大半圆形，当面为高浮变纹，直径54厘米，瓦高37厘米，通长68厘米，堪称"瓦当王"，是秦代皇家建筑的专用材料，图案的规范化为国内所罕见。

根据地基规格和出土的建筑文物复原后的碣石宫立体建筑，两翼有角楼，后面有成批的建筑群。除秦都咸阳和汉都长安以外，极少见有如此大型而又布局有序的宫殿建筑群。

碣石宫利用海滨自然景观面南背北而建，后靠巍峨连绵的燕山，前临一望无际的渤海，中轴线正对着海中的碣石。于是，碣石便有海中宫门之说。据地质学家考证，碣石原为两段极为相似的巨石挺立于海中，后因岁月的摧残、海水的侵蚀，南侧的巨石断裂，倾倒于海中，才形成如今的形状。

碣石为宫门的另一例证，便是由海边铺向碣石的石板路，每逢落大潮时，石板路便显露出来。至于碣石宫门是自然形成还是人力所建，只能是千古之谜了。

碣石宫内以墙子里宫殿为主体建筑，止锚湾为左翼阙楼，黑山头为右翼阙楼，衬以瓦子地、周家、金丝屯等众多的附属建筑，呈合抱之势，与海中的碣石形成一处完整壮观的建筑群体。可与始皇陵、阿房宫并列为秦代三大工程。

"碣石苍苍，溟海茫茫，佳气孕灵，宜有磊落奇伟任大任者，崛起于其乡。"碣石在洪波涌动的大海中耸然独立，无视苍茫人海中的过客，期待着读它、懂它的历史的知音。

高句丽王都
——五女山山城

这是一座奇特的山，不仅山形奇特，历史更为奇特。

出桓仁满族自治县县城，一路北行，出城不远，在重峦叠翠的山峰间，一眼就能辨出五女山。同在长白山脉，五女山与其他山峦差异极大，它是山脉中极为少见的丹霞地貌。遥望山势原本平缓，如覆翠锦，而快到山峰之巅，突然顶冠嵯峨，高耸百尺，悬崖绝壁，突兀雄伟，险峻奇秀，蔚为壮观。

若是清早，太阳将出未出之时赶往登山，仔细品味如屏的峭壁，恍若如五女相挽而坐。相传，古时有5位仙女下凡，为民除害，化作一道陡峭的山脊，守护在这里。另一传说，唐朝有五女据山为伍，屯兵其上修筑城堡，劫富济贫，为民除害，五女山就这样得名，也被称为五女山城。只可惜，山顶上空存古人纪念五女的庙。5位仙女是谁，或者五女为何据山为伍，已查无实证。

不管怎么说，在古代，壁立千仞、雄险绝奇的五女山，绝对易守难攻。高句丽把第一座王城建在这里，是非常明智的选择。写到这里，有必要啰唆几句，交代一下高句丽民族与高丽的区别。

高句丽发源于今日我国东北吉林一带，建于公元前37年，也就是西汉末年。据《三国史记》记载，夫餘国王子朱蒙与其他王子不和，败于宫廷斗争，带着部分臣民，逃离夫餘国，流落至五女山，在山上建立了高句丽第一座王城，史称"纥升骨城"。

五女山山城概貌

对于一个逃亡的王子来说，由于实力非常孱弱，能保住性命、躲过追杀已是非常艰难，稍有不慎就会被连根铲除。天险五女山，给了朱蒙生机，也成了他命运的转折点。他依险而筑城，山下有浑江佑护，后有长白山作依托，纵有千军万马也奈何不得。他蛰伏在这里，休养生息，积蓄力量，与母国夫餘为敌，建立起自己的高句丽国。

高句丽国第二代王琉璃明王迁都国内城（今吉林省集安市），并逐步发展壮大。他们引中原文化为己用，兴佛教之风以化民。经过300多年的扩张，高句丽借"八王之乱"之机，乘虚而入，占领了汉四郡故地，雄踞辽东，鼎盛时过辽河西征前燕、对峙北魏，北伐灭掉了衰落了的夫餘国，后来又联络百济，东讨朝鲜半岛的新罗，占据了汉江，公元427年将都城迁至平壤，疆域囊括东北亚。

高句丽国在历史上存续了700多年。唐贞观年间，新罗灭百济，与唐朝联络，开始内外夹击高句丽。唐高宗乾封三年（668），高句丽亡国，其臣民或臣服于大唐，融于汉民之中，或逃亡新罗，存活子嗣后代延续于朝鲜。新罗就此壮大，统一了朝鲜半岛，其后建立了高丽王朝。

从史学角度考量，高丽与高句丽虽然名称相近，却不存在继承关系。从汉室衰微，到大唐崛起，高句丽始终是中华大地上的一个割据政权，700年灿烂的历史，给后人留下丰厚的历史文化遗产，这也是五女山山城与吉林省集安市的高句丽遗迹一起被列入《世界遗产名录》的原因。

从县城乘车行驶十几分钟，便到了五女山下，山顶的悬崖峭壁越加清晰。有人说，那道壁立千仞的长方形，像个楔子，是天神把它牢牢地钉在山顶的；有人说那分明是个硕大的靴筒，天神一脚踩

远眺五女山

到桓龙湖里拔不出来，丢下靴子就走了；也有人说，那分明是个鸡冠，是昴日星官的帽子从天上掉下来。不管像什么，都是人们的主观判断，五女山不屑一顾，屹立千年。

五女山的盘山道，就是古高句丽人的车马路，也许对他们来说，这不是山峰，只是普通的道路。盘旋在这条道上，五女山城时而高城在望，时而隐在密林山间。但不管怎么走，哪怕山林青翠、花海如丛，我们都走在历史的背影中。

景区有客车，斗折蛇行般爬行在崎岖的山路上，最终把客人送到山腰上的"十八盘"。登上"十八盘"，才能到达山城的西城门。当年的高句丽人进出山城，主要走的也是这条道路。山城的四周都是悬崖绝壁，能够上山的3条道路中，只有这条路最好走，通往东城门和南城门的路更加艰难。

即使是好走的路，也是曲径通天，沿山谷曲折盘旋，是名副其实的"十八盘"。道路两侧大多是一线天般的峡谷，坡度最陡处接近70度，再陡一些就接近攀岩了。好在有台阶铺于脚下，只要腿不软，一心往前看，就不会望而生畏。

台阶路很窄，两人并行都很吃力，好在大多游客选择与这条路交错而行的另一路，那条路稍稍曲而缓一些。但对于喜欢一鼓作气的人来说，只要肯于登攀，默默地数着脚下的路，数过999个台阶，到达西城门后，便会豁然开朗。九在汉文化中是吉数，三个九，意味着大吉，所以登"十八盘"，人们再累也要讨个吉利。

"十八盘"的尽头是山城的西城门，哪怕是个壮汉，此时也是气喘吁吁，正好坐于城门前，边歇息边回味千年。

城门宽约3米，略显内凹，两侧砌筑石墙，呈瓮门之势。进了山门，路立刻平坦了许多。或许四周山林茂密，虽身在山之巅，却没有一点"会当临绝顶"的感觉。平缓的山城，南北长约1500米，

五女山天池水源地

东西宽300~500米，信步前行，山城上的古迹遗址随处可见。据考古发现，除了大批高句丽时期的文物，山城里还出土了新石器时代的石器、战国时期的陶器，以及明清时期的铁器。这足以证明，五女山山城自古以来就是不同部族据险而居的地方。

山城最大的遗址当数高句丽王宫遗址。基址长13.5米，宽5米，原有7块础石，现保存6块础石和1个柱坑，表明应为六开间建筑，里面出土了高句丽早期竖耳陶罐等典型器物。

山城上最多的是凹坑，有20多座，平面呈方形或长方形。考古专家在此发现了大量陶器、铁器等遗物，其中以铁镞、甲片居多，还出土了一件比较完整的甲衣，由此可以判断，这里应是当时的兵营，是山城卫戍部队的驻地。更为珍贵的是，山城里还出土了一副铁制脚镣，这是我国已发现的高句丽文物中唯一的刑具，具有重要研究价值。

兵营呈半地下状态，也就是人们俗称的"地窨子"，既能节省建筑材料，又能起到冬暖夏凉的效果。里面折尺形的建筑便是火炕，里面分别设有2~3个烟道，上铺石板，石板上抹泥，形成炕面。炕内设火灶，土塄上设有烟囱。

按此规模计算，这座天然石城可容纳万人。难怪努尔哈赤的祖先——建州女真部落首领李满住会据此而居，山城险峻的山势，完备的防御体系，王城霸气的气势，能让他提防永乐皇帝和李氏朝鲜对他的算计。

如果仅仅是险，还不能被誉为"东方第一卫城"，五女山山城文化上有神庙，政权上有宫殿，供给上有耕地和粮仓，更重要的是，山上不缺水源。五女古庙遗址前有一六七米长、三四米宽的方形水池，当地人叫作"天池"，终年不涸，池水清冽可饮。而小桥的另一侧，则是圆形的小池塘，当地人称为"瑶池"，两者相映成趣。有充

五女山山城城墙

足的粮草，有丰沛的水源，哪怕千军万马围山，也奈何不了山上的守军。

从某种程度上讲，五女山山城延续了2000年的军事设施的衰败，并不一定是坏事，和平的到来让它们成了历史的遗迹。

站在点将台上，终于结束了"一叶障目"，远方被称为八卦城的桓仁县城收入眼底，而养育桓仁儿女、滋润辽沈大地的桓龙湖就在脚下。湖水浩大缥缈，湖岸犬齿交错，袅袅雾气升腾而起，飘浮于天水之间，给人一种飘然欲仙的感觉。

上山容易下山难。从山城东侧下山，尤其路过"一线天"，大山好像被利斧劈为两半，夹缝间的山路垂直高度达百米，扶住护栏，手脚并用，贴壁而下，几乎是踩着下面人的头，百米的路程，没有半个小时的磨蹭，便是十足的冒险。若是患有恐高症，选择此处下山，就是拿生命开玩笑。

尽管保护措施完善，无论是谁都无法忘记这次"历险"，即使走出峭壁，依然身在出汗、脚在颤抖。走出五女山，并不意味着告别历史，最后一道山墙遗址，依然让你流连忘返。那是山城之下的防线，那道城墙保存得相当完整，倚山而建的石墙，采用了干打垒的砌法，石缝与石缝间天然衔接，整面城墙浑然一体。

这是五女山山城送给你的最后的礼物，此后，你便可以惬意地坐在桓龙湖畔，与朋友们共品浮光跃金、静影沉璧的五女山冰葡萄酒了。

汉魏风韵
——辽阳壁画墓群

到辽阳，找壁画墓葬群，不是件容易的事。我驾车在辽阳市北郊太子河左岸、铁路桥两侧不停地搜寻，企图找到封土堆，以为现场查看一番，哪怕不用钻进墓道，也能有个直观的感觉。可是，走遍了北园、三道壕等壁画墓最集中的地方，眼前除了一座座工厂、平展展的农田，还有路旁一幢幢楼房，我一无所获。

最终有明白人告诉我，就像西安的兵马俑，辽阳汉魏墓壁画只要出土了，就无法保持原样。汉魏壁画遇到外面的空气，虽然不会马上褪色，但其鲜艳程度也会大打折扣。所以，文物管理部门封存了开挖的墓葬，停止了对其他汉魏墓葬的考古挖掘。据此推断，辽阳市区内，还有大量的汉魏墓群永久地保存在地下。不能很好地保护，就暂且不动，更好。

去了辽阳汉魏壁画馆，才弥补了我未能身临其境看汉魏墓的遗憾。这是座硬山式仿古建筑，馆门内有影壁，绕过去，光线立刻暗淡下来，暑热之气也随之顿消。眼睛适应了一会儿，我才看清幽暗的射灯下，墙上一幅接一幅的展品。

馆里没有其他的游客，外面的车水马龙声被隔离了，我孤独地伫立其中，一种阴森感油然而生，展厅忽然像一座巨大的坟墓笼罩着我。参观的间隙，我抬头看看屋顶，高高的房梁居然酷似条条石梁托起石板，石板上有彩绘，为日月流云等。我突然明白，馆内的

辽阳汉魏壁画馆

建筑设计，就是模仿汉魏古墓，我不过是行走在放大的古墓中。

我敬佩设计者的独具匠心，安心地行走在馆内，将墙上展览的所有壁画全部拍进我的手机，以便我回去时安静地揣摩。尽管我在馆中来回参观，消磨了小半天的时光，依然无法厘清头绪，主要原因是我对汉魏文化研究甚少，知识储备不足，一时难以消化吸收。

出了壁画馆，强烈的阳光照耀着我，强烈的求知欲同样催促着我，可找遍辽阳的书店，均让我失望而归。必须求援了，于是，我打通了辽阳市文联副主席、作家钟素艳的电话。不巧，周日她去了外地。不过，她给了我一个解决方案，邮给我一本冯永谦的作品《辽阳壁画墓》。冯先生20世纪50年代开始在辽阳进行汉魏壁画考古研究，是这方面的权威专家。两天后，我收到书，居然厚如砖头，解决了我所有的困惑。

钟素艳在书的扉页上写着她得到此书的感受——如获至宝。这句话对我同样适用，所有的一筹莫展，在这本书中全都迎刃而解。虽然我特别喜欢这本书，但不能夺人所爱，完成这篇作品之后，第一件事就是还书。

辽阳汉魏壁画墓群迄今有1800年，所处的时代为东汉至西晋时期的200年时间，以公孙氏割据辽东的50年为鼎盛时期。

原本地表上都有高大的封土堆，大到没人认为是平地起坟，而始终被当地人误认为土丘，称为"台子"或"堆子"，有些村名便由此而来。但也有许多被风蚀雨刷看不出痕迹的墓葬，人工取土时被人发现。从20世纪初至今，共发现了30多座。首次发现于1918年，是日本人八木奘三郎发掘的迎水寺壁画墓，后将整座墓室迁于"关东州博物馆"（位于大连旅顺），但壁画已色彩无存。日伪时期，又有两座大型壁画墓被发现，其中壁画内容最丰富的北园1号壁画墓，为了拍照片和临摹方便，拆掉了墓顶盖石，事后又没有复位，致使宝贵的画面遭到磨损后脱落。1947年，国民党部队将壁画墓修成工事，作为地堡，使壁画墓遭到破坏。新中国成立后，壁画墓群才被重视和保护起来。

汉魏壁画墓群为何如此集中地出现在辽阳？这与辽阳古老的历史相关。辽阳，古称襄平，北接辽阔的平原，南衔千山末端的丘陵，水系丰富，交通顺达，自古为兵家必争之地。战国时燕国在此建辽东郡，历经秦、汉、魏晋，直至后金崛起，一直是东北地区的政治、经济、文化中心。

东汉末年，中原地区战乱纷纷，汉献帝中平六年（189），公孙度担任辽东郡守。从此，公孙家族割据称雄达50年，成为辽东望族。三国时期，战乱频仍，公孙氏统治的辽东相对安定，因而中原人避难辽东，其中有大批文士、商贾，不仅带来了中原先进的生产技术、儒家思想，还将流行于中原地区的绘画传到襄平，并与辽东本土文化结合，形成了具有地方特色的壁画墓葬文化。

壁画墓起源于厚葬之风。汉武帝以来，社会信仰"灵魂不灭"的思想，认为人死只是灵魂到了另一个世界，将生前的奢侈生活带入墓中，将会永久享乐，厚葬之风随之盛行。另外，东汉施行举孝廉制度，孝悌成为选拔、任用官吏的主要标准。因此儒家学说，特别是仁孝思想为厚葬风俗的出现和盛行提供了思想和礼制上的依据，建造高坟大冢蔚然成风。

辽阳汉魏壁画墓群，大多孤立地分布在太子河沿岸冲积平原上，形成约8公里的马蹄形墓葬分布区，其中一批大型多室墓，墓主应为公孙氏政权望族。墓均由青色石板构筑，石板都是来自本溪南芬一带的页岩，平整光滑，便于使用。当年由细河装船，顺流而下到太子河，直抵辽阳。这也是墓葬多分布在太子河畔的原因。

墓内结构平面多呈"T""工""亞"字形等，均为巨型石板砌成，石板间白灰勾缝，仿佛成为一体。墓内一般由前廊、左右耳室、棺室等部分组成，大型墓不仅耳室多，棺室也多，并有回廊，面积在7米×8米左右。而小型墓的面积则在3米×4米左右，墓门设在前廊部分，由大块青石板封堵。

墓室建成后，画师进入其中，凭借高超的技艺、娴熟的技法，在狭窄的空间内，直接在墓壁和墓顶绘出无与伦比的生活画卷。这些没有留下名字的绘画大师，创造了中国已知最早的壁画墓，其作品甚至比敦煌莫高窟壁画还要早300年。

壁画采用写实的表现手法，题材极为丰富，生活气息浓厚，以墓主人的经历和生活为主，描绘了当时的贵族生活。壁画的分布情况和规律是：墓门的两侧是门卒和门犬；前室多绘场面巨大的百戏和乐舞；后室和回廊绘有墓主的车骑出行图；后回廊一般绘乐舞百戏、门阙、宅院以及属吏；耳室和小室则绘墓主的宴饮和庖厨图；各室的顶部绘有流云纹图。壁画构图严谨、形象生动、色彩鲜艳，具有极高的历史、艺术价值，是中国古代艺术宝库中的珍品。

壁画在墓室中有规律地配置和布局，既有独幅小画，又有连壁大作，这些作品联系起来又是内容相互连接的组画。壁画内容多为饮宴、仓廪、庖厨、楼阁、骑从、车马出行、杂技百戏等，既是当时丧葬制度的反映，也是墓主人生活的缩影，是研究汉魏时辽东政治、经济、文化、民俗等方面的珍贵实物材料。

由于出土壁画繁多，我只选择其中有代表性的3幅作品介绍，以飨读者。

出土于棒台子1号墓的《车列出行图》，描绘了辽东官员出行的场景。此壁画长10多米，画人173位、马127匹、车10辆。主人端

《车列出行图》（局部）

坐最前面的车厢内；骑从排列车旁，前呼后拥；前导武士披盔戴甲，长驱直入；后随文吏执伞盖，提奁篋，托器物，鱼贯前行；武士披重甲紧随其后。整个车队阵容强大、气势威严。画中出现较多的是黄钺车、鼓车和金钺车。画面构图大气，用笔奔放，场面壮观。壁画中所绘车辆骑从也为研究汉代车舆制度提供了珍贵的资料，被范文澜所编《中国通史简编》选为插图。

出土于北园1号墓的《凤凰楼阁百戏图》，画面保存完整清晰，人物造型生动逼真，是辽阳汉魏墓壁画中的代表作。楼阁重檐三层，高大宏伟，在楼下广场上进行着一场精彩的乐舞杂技演出。演员共计19人，载歌载舞，各献绝技，节目惊险动人。在楼的二层斜格朱窗内，端坐着一位体态端庄的蓝衣者，好像是一名女性。她在观看或审查下面的演出，左侧有两位灰衣小吏。画面人物姿态生动，乐队身着各色服装，各执乐器演奏，有声有色，反映了这一时期达官贵人的文化娱乐场面。

三道壕1号墓为家族葬，1954年当地窑厂取土时发现，内有4个棺室，均有《宴饮图》。其中一室色彩鲜艳，保存较好，画中朱幕高悬，画屏曲列，男女二人对坐在小方榻上，短几横陈，杯盘罗列，中间地上置有食器，器口露有长勺。男人戴黑帻，宽袍大袖，拱手端坐。女人头戴发帼，后插步摇，红衣花裙，白缘领袖。画面模糊处，有奴仆传食，服侍于旁。其他棺室虽都有《宴饮图》，细微之处却各有不同，生动逼真地表现出豪门之家的宴饮生活场面。此墓葬壁画在完成临摹之后，重新封土保存起来。

此外，辽阳汉魏壁画墓群中，还有《仓廪图》《斗鸡图》《庖厨图》《府吏图》《杂技图》等，更难能可贵的是还有不少读经讲学的内容。1975年发现的鹅房壁画墓绘有8个人，都席地跪坐。他们身穿绿色长袍，白缘领袖，头戴进贤冠，中间两位手捧简册经卷，左

《宴饮图》(局部)

右6人也都拿着简册在那里洗耳恭听。至于讲授的是儒学还是佛经，已无从知晓。

　　总之，汉魏墓壁画所反映出的地域文化与生活特色，为研究这一时期的文化交流、民族融合、历史发展等问题，提供了生动的例证，给我们展现出一幅栩栩如生的东北民俗历史画卷。其简约的形式和纯朴的绘画技法，代表了那个时代的绘画水平，至今还影响着中国画创作。

慕容故都
——三燕龙城遗址

提及中国古代都城，人们兴致勃勃地历数着北京、西安、洛阳、南京等等。掐指数过数十个，辽宁朝阳依然榜上无名，这多少让钟情于历史文化的朝阳人感到失落。尽管朝阳的牛河梁是中华文明重要的起源地之一，或许是中国最早的王都，尽管朝阳是东北地区历史定为都城次数最多的城市，是中原与东北交融的枢纽，依然被人们忽略，总令人觉得有失公允。

也难怪，古往今来的士大夫，习惯以文明灿烂的中原和文风鼎盛的江南为标准确定王朝的更迭，往往忽略了白山黑水的东北与中原的血脉交融，更忽略了少数民族建立的政权同样是中华民族的重要组成部分。

不过，随着铸牢中华民族共同体意识的不断增强，三燕文化逐渐进入人们的视野，三燕故都已声名鹊起，三燕文化在朝阳已家喻户晓。尤其是慕容仿古一条街的设立，背倚古老厚重的北塔，前衔精美典雅的南塔，将古香古色和古老文化贯穿于古城南北。

三燕是指我国历史上的东晋十六国时期，在中国北方建立起的前燕、后燕、北燕3个王朝。三燕是鲜卑慕容氏建立的政权，公元337年鲜卑贵族首领慕容皝自立为燕王。为区别战国时的燕国，史称"前燕"。

虽说慕容氏是胡人政权，但和其他胡族有很大的不同，他们

凌塔白酒

慕容街

"教以农桑，法制同于上国"。这就意味着，他们结束了游牧状态，接受了农耕文明，开始定居生活，说汉话、改汉姓、穿汉服，发挥士族知识分子的作用，并逐步仿效两晋建立国家制度。在不失弓马娴熟、善于骑射的基础上，前燕已经有了很深的汉化程度。从某种意义上讲，三燕的汉化，为后来北魏孝文帝的改革立下标杆。

公元342年，前燕开国皇帝慕容皝定都朝阳，命名为"龙城"，并以龙城为起点，四处开疆拓土。历经后燕、北燕两朝，龙城前后建都或作为陪都都有近百年历史。三燕鼎盛时，疆域包括现在的河北、山东、山西全部，以及辽宁、河南等省的一部分。龙城则是当时中国北方军事、商贸、文化重镇，也是东北亚的中心城市，曾盛极一时。

据史料记载，三燕龙城建有东、西、南、北四门，城内建有和龙宫殿，宫殿后建有御花园。城内还建有东庠（高门贵胄的学校）、宗庙、社稷坛、百雀园。东城门外的龙山（今凤凰山）上，建有龙翔佛寺，是东北最早的佛寺。北门外建有皇家花园龙腾苑，类似于如今的北京景山公园。

由于历史久远，人们对龙城的了解只限于史料记载，至于实际情况如何，此前从未有实证。

2003年7月，朝阳市政府对老城内的北大街及周边地区进行拆迁改造时，省、市考古人员对遗址进行了大面积发掘，先后发现了龙城宫城南门遗址和北城门及瓮城等遗迹，从而确定了三燕龙城位置及城墙大致走向。尤其三燕龙城宫城南门遗址的发掘，是本次考古工作的最大收获，自此揭开了三燕龙城遗址的神秘面纱，并在第二年列入全国十大考古发现之一。2019年10月，三燕龙城遗址入选第八批全国重点文物保护单位。

三燕故都开始重见天日。

南城门遗址挖掘现场

宫殿和南城门遗址的位置

龙城宫城南门遗址位于朝阳老城区的中轴线上偏北处，于大凌河的左岸。城址坐北朝南，其门道结构保存完好，建筑风貌独特。门址和城墙全部为黄土夯筑，夯层厚度8~10厘米。从已发掘出门址的东、西两个门道可以得出结论，遗址为三道门结构。我国古代，建筑等级制度森严，只有都城城门才允许开设三道门，显而易见，三燕都城龙城遗址已被考古确定，为研究三燕时期龙城的布局提供了一个重要的坐标点。

宫城南门不是一次修建而成。考古发现，第二期门址是在第一期门址基础之上改扩建而成，位置与前者重叠，也是三道门，只是门道加长了，为后燕慕容熙执政时所建。门道内设置有砖和木柱等，砖位于门道内两壁底部，形似一个砖槽，其承基木柱，作用相当于柱础石，门道两端包砖。

遗址第三期门址，形制发生了较大变化，东、西两道门的南端用夯土堵死，只留中门道继续通行。据史料记载，在北魏熙平二年即公元517年曾重建龙城，故第三期门址应为北魏时期所建，一直沿用到隋代。此后，唐、辽两代重修龙城，门址也只留一道门。

不容置疑，考古会说话。不再是都城的龙城，再也没有设置三道门的资格了。

随着后燕国势日渐衰落，慕容家族的义子慕容云被鲜卑化的汉人冯跋扶持上位，建立了大燕国，史称"北燕"。从某种意义上讲，北燕政权已经不是鲜卑政权了，慕容云原名高云，为高句丽人。后来，高云被宠臣刺杀身亡，平定叛乱的冯跋被群臣拥立为帝。

冯跋即位后，"励意农桑，勤心政事，乃下书省徭薄赋"，推行胡、汉分治政策，建立太学，培养统治人才，在位22年，为使处于乱世之中的北燕保持稳定与发展可谓费尽苦心。

公元436年，北燕历经冯跋、冯弘兄弟传承后，被北魏攻灭。

冯弘在亡国前东走高句丽，一把火将三燕古都付之一炬。至此，繁荣近百年的龙城，只能称为故都了。

虽说龙城毁于一旦，但砖、瓦、石、柱础、夯土台基是烧不毁的，它们埋藏于地下，证明着龙城曾经的辉煌。南北大道从前燕到明初，始终是龙城的中轴线。这就意味着，千年龙城，城市的总体布局始终没有太大的变化，对探讨中国古代的建筑与发展具有重要的学术价值。

往事并不如烟。虽说三燕已去，但三燕文化一直影响至今。鲜卑作为入主中原较早的北方少数民族，以其生龙活虎、激情燃烧的姿态融入汉文化中，用新鲜的血液激活了汉文化的肌体，优化了汉文化的基因，促进了民族大融合。中国历史最具影响力的两位皇帝北魏孝文帝、唐太宗李世民，无不深受三燕文化的影响。

东北佛教肇始地

——朝阳双塔

朝阳南北双塔位于朝阳市区慕容街南北两侧，是城市的标志性建筑，也是佛教文化兴盛的标志性建筑。佛教文化是朝阳四大历史文化之一。曾作为东北佛教传播中心的朝阳，现存历朝历代建造的佛塔有59座，佛教寺庙多达676处。佛教的塔寺文化，主要体现在寺院布局、建筑形制艺术、砖雕和内部佛像雕塑艺术上，有的堪称我国古代佛教艺术的不朽之作。

北塔是朝阳佛教文化中最具内涵、最有品位的佛塔，内藏佛教文物非常丰富、珍贵，许多文物的品级达到皇家规格，目前国内非常少见。

北塔的外观，至今依然保存着辽代风格，方形空心，十三级密檐式砖筑，通高42.6米。台基为夯土，由砖台座、须弥座、塔檐和刹顶等几部分组成。其主体结构塔身四周的砖雕技艺精湛，所表达的内容是密宗四方佛、八胁侍菩萨、二十四飞天、金翅鸟、孔雀、宝盖、八灵塔及塔名等。砖雕图案布满整个塔身，造型生动，千姿百态，精美绝伦。虽说历经千年风雨侵蚀，有些线条和色彩出现残损，但白璧微瑕，雕塑的图案依旧引人入胜，美得让人惊叹。

1988年11月朝阳市政府对北塔进行修缮时，特别注意对塔身和周围遗址的科学发掘。果然，这次修缮有了出人意料的考古发现，

朝阳双塔之北塔

朝阳双塔之南塔

北塔不仅有地宫，还有神秘的"天上宫殿"。天宫位于北塔第十二层塔檐中部，由门道、甬道、宫室三部分组成。宫室内放置方形石函，石函由6块1.2米左右见方的石板组成，每块石板雕有不同象征的花饰、线刻佛，佛像旁有阴刻楷书修塔题记。

当考古人员扫尽千年尘埃，小心翼翼打开石函时，惊奇地发现，大量的佛教文物重重叠叠地摆放在狭小的空间中。文物虽多，却不凌乱，沿中轴线摆放有序。前部是六角形镏金银塔和藏经塔，整个后部则立一座用佛家"七宝"装饰的七宝塔。

石函中，七宝塔体量最大，罩在众多宝物之上，是考古人员最先清理出来的。七宝塔为单层檐式，由台座、莲座、塔身、塔檐、刹顶构成，宽约0.5米，高约1米。七宝塔内置有木胎银棺，棺内还有塔，为方形单层檐金塔。打开金塔，玄机洞开，内有精美的金盖玛瑙罐，罐里盛有稀世珍宝——释迦牟尼佛舍利，一粒为乳白色骨舍利，一粒为红褐色血肉舍利。

没人能想象得到，石函中出土了上千件奇珍异宝，其种类之繁、数量之多，为世间罕见。其中镏金银塔、金银经塔，还有一个波斯玻璃瓶，3件文物由国家文物鉴定委员会鉴定为国宝，全省仅有的10件国宝级佛教文物中，北塔一下子就出土了3件，其中还不包括两颗佛祖释迦牟尼真身舍利。这些文物，是继法门寺后佛教考古的又一次重大发现，轰动了海内外。

历史如灯，点燃着朝阳大地上独有的文化。朝阳北塔，这座东北佛教的典型代表，记载着佛教在东北的发展历程。既然朝阳北塔是一座巨大的宝库，我们不妨探索朝阳双塔的前世今生。

公元420年，北燕高僧释昙无竭，率沙门僧猛等25人，跋山涉水，历经数年，赴天竺取经，成为我国历史上最早西行求佛法的僧人之一，同时也推动了"三燕故都"成为东北佛教圣地的进程。

相对而立的朝阳双塔

三燕时期佛教盛行，及至北魏更胜一筹，到了辽代已为鼎盛，与龙城遗址毗邻的塔，就是显著的佛教文化留存。朝阳市内的塔，原本3座，呈鼎足而立，东塔毁于清乾隆年间，遗址现存于关帝庙中。南塔则建于辽大康二年（1076），虽历史较晚，但佛教内涵、圣物品位、艺术价值均不逊于北塔。

南塔与北塔隔着慕容街遥遥相对，相距约700米。青砖砌筑，为方形十三级叠涩密檐，由塔台座、须弥座、塔身、塔檐和塔刹构成，高56米。须弥座下部束腰和壸门上，有砖雕云龙和莲花图案，上部为仰莲座，承托着宽大的方形塔身。从塔身上残存的排列有序的砖洞来看，原来塔身应有泥塑佛、菩萨、飞天、灵塔等图像，由于日久年深，泥塑脱落，只剩下方孔了。

尽管南塔略显残破，却有特别的奇观，那就是"宝塔金燕"。每到春天，成千上万只燕子来到南塔繁衍后代，围绕塔身盘旋飞舞，甚为壮观，成为"朝阳八景"之一。

然而，南塔所承载的历史厚重、文化含量，与北塔相比仍不是一个层次。北塔毕竟是从前燕到辽代，历经5个朝代的修葺，均具有皇家气势，形成了世间罕见"塔上塔""塔包塔"的独特构筑形式。

提及北塔，免不了要提及一个历史人物，那就是北魏冯太后。

冯太后是北魏历史上著名的女政治家，二度临朝听政，拥立以改革著称的孝文帝即位。北燕的灭亡，给冯太后带来了终身痛楚，为了祭奠她的祖父冯弘，追思冯氏的业绩，孝文帝太和年间（公元485年前后），冯太后在龙城旧址的和龙宫殿上，建造了七层土木结构方形楼阁式塔，为冯弘祈祷冥福并弘扬佛法，史称"思燕佛图"。

此塔成为北魏王朝在东北地区建造的唯一一座皇家佛寺，后来在北周武帝灭佛运动中被焚毁。

20世纪90年代，对北塔维修过程中，考古工作者在塔下8米多高的夯土台基下面，意外地发现了塔基四角各有一块雕花础石。东南角的为覆斗式，其余三角一样，均为覆盆式。这些雕花础石当时经考古专家考证，就是"思燕佛图"的础石，据推测，"思燕佛图"原高有80多米。

仁寿二年（602），隋文帝将一颗佛舍利赐予营州（今朝阳），因而奉诏在烧毁的"思燕佛图"基础上重新建塔安葬，为方形空筒十五级叠涩密檐式砖筑佛塔。北塔的身世也与安禄山有关，他奉唐玄宗旨意修缮了此塔。

北塔以三燕时为基础，由北魏始建，经历隋、唐、辽3次大规模的包砌维修。5个朝代共筑一塔，这在世界范围内也绝无仅有，是当之无愧的"东北第一塔"。

无论是深藏地下的三燕龙城故都遗址，还是地上历经风霜雨雪屹立千年的南北双塔，都在默默地陈述着朝阳曾经的辉煌。农耕文明与游牧文明在这里碰撞，朝代更迭在这里激荡，佛教文化和汉文化在巨大的旋涡中不断弥合，促进了后来中华民族的大融合。

2003年，伴随着朝阳老城区的改造，高大雄伟的仿汉唐式北塔博物馆新馆矗立在北塔广场上。北塔博物馆占地4万多平方米，新馆建筑面积为2300平方米。在博物馆里，奇珍异宝绽放着光彩，丰富的文物见证着北塔的沧桑。

佛教沿着河流行走

——锦州义县奉国寺

提及奉国寺，自然联想到万佛堂，仿佛只有宏大的寺院才能盛下千姿百态的万佛。实则大相径庭，两者相距有10公里，年代也相隔500年，修建的初衷也不尽相同。人们的印象中两者之所以难解难分，大概由于它们都属于中古时期的遗存，一湾大凌河水将它们紧紧相连，一脉佛教文化将它们紧密相牵。没有身临其境，很容易产生想当然的错觉，似乎进入奉国寺就能看到万佛堂，两者互为一体。

既然它们在人们的印象中难解难分，常常相提并论，本文不妨将它们一并介绍给读者。

万佛堂不是寺庙，而是我国东北年代最久、规模最大的石窟建筑群，与云冈、龙门两大著名石窟同属一脉，都是昙曜法师主持修建，为北魏时期三大石窟之一。如果没有机会去山西大同云冈石窟、河南洛阳龙门石窟，去辽宁锦州义县的万佛堂石窟，也是不错的选择。无论历史价值、艺术水准，它与前两者极为相似，同样是中华民族之瑰宝。

万佛堂石窟距义县县城不远，尽管道路有些绕，却能一路飞驶。驾车出县城，一路向西，再转回东北，不过十几分钟，便能驶入万佛堂石窟的停车场。这里背倚闾山西麓的福山，面临宽阔浩荡的大凌河。远眺层峦叠嶂，田野轻烟漫笼，俯视大凌河滩，林涛树海，碧波荡漾。

进入山门，登上福山，四外视野开阔，满眼恬静的田园风光。而转回身，悬崖峭壁瞬间遮住你所有视野，目光被牵扯进大大小小的石窟，一心向佛。世界以你的身体为中心，向外瞭望风光无限，向内探幽佛法无边。

万佛堂石窟因雕刻有佛像万尊而得名，是北魏太和二十三年（499）营州（今朝阳市）刺史元景为孝文帝祈福开凿的。

它坐北朝南，依山傍水，现存9窟，分上下两层、东西两区，现存大小洞窟16个，石刻造像430余尊，大者丈余，小者不过盈寸，整个造像群布局严谨，内容丰富，镌刻精巧，形象生动，栩栩如生，窟顶莲花宝盖、飞天藻井更显北魏时期的石刻技艺。

目前，西区第6窟保存相对完好，3米多高的交脚弥勒的坐像，波形发髻，细眉长眼，高鼻薄唇，叉脚倚坐，体现一种慈悲庄严和超然出世的神态，雕像低眉微笑，左右侍立有弟子。西区各窟的窟壁和窟顶还残存一些浮雕的小佛像、佛教故事以及莲花、飞天等图案，造型飘逸，刀法劲健，线条优美，形象生动。

这些佛像，虽存留天竺人的影子，却更贴近中国北方民族的面形，造像追求风雅，秀骨清像，仪态万千，不可言说的深意微笑，洞悉哲理的智慧神情，超脱世俗的潇洒风度，处处体现魏晋时期的审美标准。

东区石窟以中、小石窟为主，窟龛形制简单，最为显眼的是一尊千手千眼观音佛像，遗憾的是此为明清匠人的泥塑作品，丰满圆润，不再是原汁原味，也找不到魏晋之风。没办法，洞窟紧临大凌河，常年被河水弥散的水雾侵蚀，1500年过去，原有的风貌大多风化，模样已经模糊，有的石窟，佛像荡然无存，只余空窟。

保护已迫在眉睫，有些佛雕用铁网拦住，不让游人触碰，有的石窟干脆关闭了。令人匪夷所思的是，石窟走廊的便捷之处，有的佛像被游人摸得锃亮，摸出了包浆，可无论造型还是色彩，反倒保存得更好。

万佛堂石窟最引以为豪的是，不仅仅是佛像，还有摩崖书法，元景造像碑字迹遒劲挺秀，笔力极工，被康有为、梁启超等称为"天骨开张、光芒闪溢"。

毫无疑问，文明是沿着河流传播的，大凌河也不例外。如果说三燕、北魏时期，大凌河上游的朝阳是东北的佛教中心，那么500年后的辽代，则延续到大凌河中游的宜州（今锦州义县）。历史有时惊人的相似，两地的佛教兴盛，都与当时临朝摄政的女人有关。一个是培养了北魏孝文帝的冯太后，另一个是逼迫北宋签下"澶渊之盟"的契丹萧太后。

有所不同的是，冯太后是为追忆祖父建了朝阳的北塔，而义县的奉国寺，则是萧太后的儿子——辽圣宗耶律隆绪于开泰九年（1020）修建的。辽代佛教盛行，高僧辈出，就连皇帝耶律隆绪都自称释迦牟尼转世。宜州是他母亲萧绰的故里，东望灵秀的医巫闾山，北倚浩荡的白狼河水（今称大凌河），如此风水宝地，为母亲建造佛祖道场再好不过。于是，一座皇家寺院——咸熙寺（又称大佛寺或七佛寺）就诞生了。

这座古寺，金代易名为奉国寺，如今恰好刚过千年。

奉国寺位于义县古城的东街，占地面积约6万平方米，典型的汉传佛教寺院布局，沿中轴线依次为保存完好的外山门，清代的内山门、牌楼、钟亭、碑亭、天王殿及核心建筑辽代大雄殿等。

奉国寺上承唐代遗风，下启辽、金等寺院布局，是国内现存辽代三大寺院之一。其标志性古建筑大雄殿筑于3米高的台基之上，

锦州义县奉国寺

锦州义县奉国寺大雄宝殿全景

为五脊单檐庑殿式，长48.2米，宽 25.13米，高达21米，进深五间，是中国古代建筑中最大的单层木结构建筑，也是古代遗存最大的佛殿，原汁原味地保留着辽代风貌。元大德七年（1303）碑刻记载，"宝殿穹临，高堂双峙，隆楼杰阁，金碧辉焕，潭潭大厦，楹以千计……法堂弘敞，可纳千僧。飞楼曜日以高撑，危阁倚云而对峙"。

大殿里供奉的佛祖"过去七佛"造像，尊尊高大威武、雍容华贵。佛经《长阿含经》载，释迦牟尼之前已有六佛。恰恰耶律隆绪之前辽国也有6位统治者，其中包括自己的母亲——摄政的承天太后萧绰，加他自己正好也是7位。既然他自称释迦牟尼转世，那么先前6位皇帝便是其他六佛转世。更巧的是，筑寺之时，耶律隆绪的重臣也是6位，咸熙寺七佛也成了当时辽国的象征。因其高大得震撼人心，后人撰联感叹道："古刹千年神州第一殿，巨佛七尊华夏无二家。"

巧合也好，故意为之也罢，7尊大佛和我国古代建筑艺术中的瑰宝就这样留下了，成为世界罕见的最古老、最大、最精美的彩绘泥塑佛像群，代表了中国古代建筑水准的高峰。瑰宝岂止七佛，大雄宝殿中处处皆是。仰望大雄殿木构建筑梁架之上，还绘有精美绝伦、无与伦比的辽代飞天彩绘。

一座大雄殿，集古建筑、佛教文化、雕塑、绘画、石刻、匾额、书法、藏经、考古等历史、科学、文化价值于一体，也把辽代的上至唐宋传统佛教文化艺术特征和记忆完美遗存至今，可谓中国古代艺术品的集萃，珍品中的极品。就连梁思成都赞叹不已，在发表的学术报告中称"千年国宝、无上国宝、罕有的宝物。奉国寺盖辽代佛殿最大者也"。

或许是上苍有灵，自从奉国寺落成于义县，千年间经历了无数次劫难，每一次都能神奇而又不可思议地躲过。金灭辽时，宜州为反复争夺的重要战场，战火却未能殃及奉国寺。元灭金时，同样如此。元前至元二十七年（1290）宁城大地震，义县距震中不远，奉国寺只是建筑墙体受到了不同程度的损坏。解放战争时，曾有炮弹落到大雄殿上，却没有爆炸。

尽管历经千年，奉国寺有不同程度的风化和损坏，每个朝代总能及时修补，使大雄殿内部始终保持原始状态。1989年之后，奉国寺得到了最彻底的修复，以最优美的姿态回馈给精心照料它的人们。剥开多次重修的墙皮，里边的壁画再也藏不住了，一尊尊佛像依旧色彩艳丽、栩栩如生，诉说着辉煌的中华文明，让人们发出跨越千古的惊叹。

出奉国寺，北行数百米，便走出了历史的厚重与苍茫。过了安泰门，就是大凌河湿地公园，驻足享受蓝天碧水，轻松与畅快地看着如织的游人，感受国泰民安的安谧。

包罗万象的寺庙

——锦州大广济寺

　　大广济寺的名称，我是后来知道的。在此之前，我和许多"只缘身在此山中"的锦州人一样，只记住了古塔，却没追究它的来龙去脉。也难怪，连锦州的市辖区都叫古塔，它的原名大广济寺塔就这样被简化成了古塔。

　　我认识锦州古塔已经半个世纪了，因为很多亲戚在锦州，我小时候常坐火车，从老家兴城赶往锦州。那时的绿皮火车晃得特别慢，年少性急，特别期盼"苞米棒子"的出现，只要它出现在视野中，锦州火车站就要到了。

　　"苞米棒子"是锦州人对古塔的戏称，20世纪80年代之前，这是锦州最高的建筑，无论在哪个方向，只要看到它，就知道快进市区了。别看它是锦州标志性的建筑，人们却不怎么待见它，一任它被岁月摧残得光秃秃的，越看越像一只玉米棒。

　　每逢落日前，成群的乌鸦落在"苞米棒子"上，残破的洞窟成了它们的栖身之地。夕阳下，乌鸦绕塔而飞，红与黑缠绕在天地间，甚为壮观，于是"古塔昏鸦"成了著名的"锦州八景"之一。

　　我对古塔的探究很偶然，此前我一直是心不在焉的过客。锦州的一位文友义愤填膺地讲述，大广济寺的昭忠祠破败得不成样子，那里供奉着抗日英烈的牌位，要知道，甲午陆战，只有他们打了一场胜仗。这么有爱国主义意义的地方，为啥被忽略？

我决定探访昭忠祠，打听大广济寺在哪儿时，文友却嗤笑我，古塔还不知道吗？我愕然，看来，这一课不补，我如数家珍地说锦州真的打脸了。此后，我不再是古塔的过客，而是常客，哪怕20世纪90年代初，有好几年的时间，脚手架一直搭在古塔周围，都没耽误我对古塔的凝视，对大广济寺的探究。

应该说，大广济寺为塔寺合一的古建筑群组，由塔、广济寺、天后宫、昭忠祠和观音阁组成。不可思议的是，5个建筑，体现的是五种不同类型的文化内涵，既相互独立，又浑然一体。这是辽西走廊特有的文化现象，走廊就是通道，尤其是锦州，一直是走廊的核心，近千年来，汉、契丹、蒙古、满族多种文化频繁来往，在这里交融，虽说显得杂糅，却是殊途同归，向人们展示着锦绣之州的包容与宽广。

广济寺是古建筑群的中心寺院，与塔同在一个轴线上，为两进院。寺院始建于隋大业七年（611），初名普济寺，俗称大佛寺。最南面的是天王殿，为单檐歇山式大木架结构。过了天王殿，东西两侧各有一座四角攒尖、做工精巧的方亭。方亭的后面是东西配殿，配殿带有前廊。中殿是关帝殿，和所有的关帝庙一样，关羽居中，关平、周仓立于两旁。后殿便是建筑最为精美的正殿——大雄宝殿，为重檐歇山式，面阔七间，进深三间，檐柱及额枋上都有精美雕饰，屋顶的正脊当中有砖刻阳文"慈云广敷惠日长明"。殿宇为清道光年间重建，所以带有很强的明清之风。

广济寺的西侧是天后宫，俗称"妈祖庙"，是我国北方最大的妈祖庙，始建于清雍正三年（1725）。妈祖文化在东北并不常见，只有海边的老码头，或者能通海走船的河码头，才能看到大小不一的天后宫。妈祖是中国的本土教，体现中国的传统文化，敬奉妈祖的，多为沿海的渔民、从事海上运输的客商，祈求海上一帆风顺，渔船

锦州古塔

鱼虾满舱，货船顺利靠岸。大广济寺的天后宫，是江、浙、闽等地客商把妈祖文化从福建湄洲妈祖庙传到锦州，并建宫以祀。

锦州市内虽不靠海，但顺着小凌河，船舶照样能行驶到大广济寺南侧的河码头。那时的锦州已成为关内外水陆交通的中心，其繁华程度可见一斑。修建时，南北客商为祈平安，按湄洲妈祖庙之规格，不遗余力，其建筑格局集我国南北建筑之大成，内外雕刻极其精致，特别是宫内砖、石、木雕刻精美绝伦，将江南文化在东北发扬光大。所以，天后宫不仅在北方颇有盛名，甚至还影响到江南，显示出锦州丰富的文化底蕴。

最让我感慨的，当然是广济寺东北隅的毅军昭忠祠。这座大木架结构、单檐硬山顶的建筑，建于清光绪二十四年（1898），推开厚重的木门，一股肃然之气扑面而来。古铜色的"国殇"二字，赫然刺入我的眼中。我曾写过一篇小说，致敬百年前甲午陆战为国阵亡的2000多毅军将士。他们历经5次战役，从凤凰山打到田庄台，"每当旗残械损弹缺，振臂一呼，踣者起，疲者奋，裹创肉搏，赴死无悔"。最后他们的忠骨涉过辽东湾，葬于锦州之北的亮甲山。昭忠祠为清光绪皇帝敕建，祠内供奉死难将士灵牌300余块，祠外竖有《敕建毅军昭忠祠碑》，是全国唯一记载中日甲午战争陆战的纪事碑。

不管怎么说，我再也看不到20年前的破败了，这里已经被锦州市政府修葺如前，并将昭忠祠列为爱国主义教育基地。唯一的遗憾是近2000块灵牌遗失，好在将士的名录仍在。

现在，我们回过头，重点说"苞米棒子"的变迁吧。长期置之不理，不代表并不关注，古文物的修复，遵循着用古代技术修旧如旧，无论材料与工艺都是复杂的工程。翻新是件容易的事，照葫芦画瓢，钢筋混凝土堆上去就可以了，结果却是貌合神离。经过几年的艰苦施工，1996年，蒙在脚手架上的保护网拆下，顿时让我耳目一新。见惯的"苞米棒子"不见了，替代它的是飞檐斗拱、八面玲珑。十三级密檐层层向上翘伸，形如飞鸟展翅，轻盈活泼。沉睡百年的古塔终于醒了，它不仅恢复了最初的样貌，又科学地增加了避雷措施，使塔高从原高的63米跃升到了71.25米，成为辽西最高塔。

大广济寺古塔建成于辽清宁三年（1057），关于它的修建，还有一段精彩的历史故事。那时，辽宋正处在"蜜月期"，按《续通志·大广济寺塔记》的记载，宋仁宗赵祯的皇后曹氏将绿、白、赤三色佛舍利赠送大辽皇后萧挞里，萧挞里命将军和法师，护送佛舍利到她的故里锦州，安放在古刹普济寺内。两年后，笃信佛教的辽道宗继位，他认为佛舍利是至高无上的圣洁之物，既可降魔，又可镇恶，既能避邪，又可消灾，会让辽国国泰民安。按太后萧挞里的旨意，于普济寺前肇建佛舍利塔。据记载，大辽国历时6年建造这座佛舍利塔，耗资3600万两白银。佛塔的地宫中供奉着三色佛舍利、毗婆尸佛镏金佛像等佛教珍品，中宫供奉七佛，天宫供奉净瓶。最初其名为"无垢净光舍利塔"，后更名为"大广济寺塔"。

大广济寺塔由基座、塔身、塔檐、塔顶、塔刹五部分组成。塔檐共13层，每层檐角原本都有楠木挑梁，上托檐角，下缀铜铃。塔身八面，每面雕有1位胁侍、3个宝盖和2位飞天。塔身的砖雕无不细腻逼真，飞天翱翔于上，大佛端坐龛中，胁侍肃立龛旁，它们都是惟妙惟肖、栩栩如生，每件雕刻都凝聚着古今匠人的智慧，都称得上精美的艺术品。

重修后的古塔，乌鸦不再盘踞，再也看不到"古塔昏鸦"的景观了，取而代之的是飞燕与鸽子。每天晨燕轻盈地飞舞在宏伟厚重的古塔前，形成了新的锦州一景"古塔朝晖"。

如今，古塔前建成了锦州最大的历史文化公园，可容纳上万名市民在此休闲。每天晚上成群的飞鸽也来凑热闹，落于塔下，与市民和游客共享美好的夜晚。众多的人围着古塔走圈儿，不是出于宗教信仰，而是健身。

幸福的人们沉浸在山海福地、锦绣之州。

改变历史的通道

——辽西走廊

中国有两条著名的走廊，一条在河西，另一条在辽西。一条承载着古代王朝崛起的大国梦，另一条关乎历代王朝更迭的生死线。本文撇下河西走廊，只说千年古道——辽西走廊。

辽西走廊起于河北山海关，止于辽宁北镇，面临辽东湾，背倚燕山余脉，呈西南东北走向。走廊长约300公里，宽几公里至十几公里不等。这里丘陵起伏，河网密布，从卫星地图上俯视，走廊上的河道，犹如半爿细长的叶脉，粗细不等，条理分明，九江河、狗河、六股河、烟台河、兴城河、小凌河、大凌河等，弯弯曲曲而又密密麻麻地从丘陵间奔出，一路向海。

走廊上的冲积平原，土壤肥沃，物产丰饶，自然风貌隽美，人文历史丰厚，是沟通华北与东北的交通咽喉，既是著名的草原丝绸之路通道，也是中原王朝与朝鲜、日本交流的必经之路。古往今来，农耕与草原文明在这里碰撞，渔猎与海洋文明在这里汇聚，改变历史走向的战役在这里爆发，这里古有险要的军事重镇，今有新兴的经济开发区，造就成了密集的城市集群。从卫星图上看，夜晚的辽西走廊，灯光辉煌，从锦州到毗邻的葫芦岛，从古城兴城到关外第一县绥中，从东临碣石的东戴河，到天下雄关山海关，城市之间已经携手相牵了，夜晚的灯火将辽西走廊穿成了一串明珠。

辽西走廊与河西走廊相比，形成时间晚了许多。在傍海的辽西走廊打通之前，从中原到东北的主要路线是辽西故道，也就是出榆关（山海关）奔建昌要路沟，走白狼河谷（大凌河谷），经朝阳转而向东，跨医巫闾山，到辽东重镇辽阳。曹操北征乌桓、李世民东征高句丽，走的皆是辽西故道。

辽金之后，辽西走廊始得其名。在此之前，一直是"流短水急、沙碛遍地、丘陵起伏、豺虎当道、荆棘蔽路""辽泽泥淖、车马不通、人烟稀少"的蛮荒之地。

契丹建国，后晋儿皇帝石敬瑭奉献了燕云十六州。尽管如此，契丹依旧俘获大批汉人，安置于辽西，开荒种地，造船制盐，修筑来州（绥中前卫）、锦州、显州（北镇）等城池，开发契丹腹地，辽西走廊初次得到开垦，傍海道路逐渐修成，辽西走廊始现雏形。

公元946年契丹灭后晋，解押晋出帝石重贵赴流放地，走的就是辽西走廊。根据《五代史》的记载，《辽西走廊史话》对此有较为生动的描写：契丹人像赶牲口一样，驱使后晋出帝、皇太后等皇族，出榆关，沿海岸走向锦州。路上遍是河泽沙砾，荆棘乱生，荒丘蛮壑，路途十分艰险。而且契丹人不给饮食，饿得这些"凤子龙孙"饥肠辘辘，宫女侍官到处寻觅野果野菜充饥，如此走了七八天，才来到锦州。

当然，辽西走廊的形成，奴役只是一面，文明是另一面，它也是僧侣和信徒踩出的路。辽国崇尚佛教，如今矗立于兴城东南海中的岛屿觉华岛（原称桃花岛）佛事兴盛。香烟缭绕的佛岛，吸引来众多南来北往的僧侣和信徒，加速了傍海道路的修建。

及至宋辽订立"澶渊之盟"，边界战事趋缓。双方互派"贺正旦使"，向对方君主拜年；互派"贺生辰使"，在对方太后和皇帝生日前赶到，送上丰厚的寿礼。由于双方往来使者增多，辽西走廊成了宋辽交聘的和平之路。

辽西走廊成为改朝换代的通道始于金。公元1115年女真建金，定都会宁，与宋商议灭辽。双方信使为避开辽人的盘查，没有走人烟稠密的凌源、朝阳的辽西故道，偏偏选择了"尽皆粗恶不毛"的辽西走廊。双方以佛事为遮掩密谋大事，走廊中部的觉华岛则成为双方"情报交换的中心"。若遇险情，双方从水陆两种通道皆可逃遁。

这场宋金密谋的灭辽之战，金人正是穿过辽国防备薄弱的辽西走廊，直逼中原，击垮了庞大的大辽王朝，逼迫辽国西迁。没有了辽国的中隔，昔日的盟友，宋、金开始了直面交锋。

不过，那时候的海岸还不够稳定，辽西走廊真正全线通达则到了明朝。明成祖朱棣受益于蒙古兀良哈部，也深受该部的侵扰。当年朱棣发动"靖难之役"，从辽王那里借来了蒙古兀良哈部的兵。登基之后，该部自恃有功，经常到辽西走廊劫掠。此时，北元势力仍在，辽西走廊恰似一道细腰，如果被掐断，大明王朝从东北平原到外兴安岭，就会国土尽丧。

明宣德年间，辽西走廊兴建了大量驿站，广宁驿（北镇）、闾阳驿、十三山驿（凌海石山）、小凌河驿、杏山驿、连山驿（葫芦岛）、曹庄驿（兴城西南）、东关驿、高岭驿到达山海关总共有10余个驿站。从山海关到广宁，驿站中间设立了许多卫所，前所、前卫、中后所（绥中）、沙后所、宁远卫（兴城）、锦州卫、广宁卫（北镇）等。卫所与驿站将辽西走廊牢固地串联在一起，形成了完整的防御体系。

蒙古诸部对辽西走廊的侵扰与劫掠被彻底解除。从此，辽西走廊城镇繁多、店铺林立，成为重要的商贸通道。江南的丝绸、蒙古的马匹、东北的皮毛，以及粮食、茶叶、木材、玉石、人参、山货等，都是通过辽西走廊流通到关内关外。

明末天启年间，风云骤起，努尔哈赤以"十三副铠甲"起兵，建州女真迅速崛起。公元1622年，努尔哈赤靠计谋轻取广宁城，开始觊觎辽西走廊。本是防范蒙古诸部的辽西走廊，却成了阻挡住后金入主中原的屏障。公元1626年正月，努尔哈赤率十万大军，兵临孤城宁远，企图打通走廊，夺占山海关。明将袁崇焕借坚固的城防和红夷大炮，让努尔哈赤饮恨宁远城下，史称"宁远之战"。

次年，继任者皇太极发动宁锦之战，率大军围攻锦州，企图用调虎离山之计，诓袁崇焕出宁远城，围城打援。袁崇焕坚守不出，宁远城又成了一道壁垒，挡住了后金军洪水般的攻击，皇太极只好撤兵，替父报仇无果而终。

崇祯年间，党争不断，方略失据，频繁易帅。公元1641年松锦大战，明将洪承畴被俘投降，明军主力尽丧，锦州被收入皇太极囊中。辽西走廊防线处于崩溃的边缘。公元1644年吴三桂引清兵入关，与李自成大战。从此，八旗兵势如破竹，不仅入主中原，还拓宽了中华版图。

当然，辽西走廊发生的改变中国历史走向的战役，还有第二次直奉战争，奉军攻破辽西走廊最后的要塞九门口，入驻北京。

令辽西走廊不再沦为改朝换代工具的是引人瞩目的辽沈战役，那是一场为人民求解放的战争。1948年9月，东北野战军发起了辽沈战役，以迅雷不及掩耳之势，攻克了辽西走廊中的重要县城绥中、兴城，切断锦州与葫芦岛及沈阳地区国民党部队的联系。10月15日，东野主力只用31个小时就攻克了锦州。与此同时，取得了塔山、黑山阻击战的胜利，辽西会战中又歼灭了国民党廖耀湘兵团，东北全境解放已毫无悬念。

从此，辽西走廊真正回到了人民的手中。

经过70多年的建设，尤其是改革开放之后，以锦州为中心的城市群，像一串明珠密集地镶嵌在辽西走廊。这条关内外的咽喉，铺设出5条道路，让人流与物流畅行于此，按修建的时间顺序排列，分别是京沈铁路、102国道、京哈高速、秦沈高铁专线、滨海大道。其中京哈高速拓宽改造工程正在进行中，有望成为中国最宽的高速公路之一。

横穿辽西走廊的5条道路，像琴弦上的五线谱，为祖国大地弹奏动人的乐章。

气势磅礴的寺院

——辽阳广佑寺

在东北，没有比辽阳更古老的城市了，这座城市的历史足有2400年，中国最古老的铜钱——襄平布的出土，就是很好的证明。

秦灭六国后，分天下为三十六郡，设辽东郡，首府襄平，就是今天的辽阳。从秦朝到明代，中原王朝政权强大稳定时，辽阳是王朝在东北的政治军事商贸文化中心。中原王朝式微时，少数民族割据势力乘虚而入，它便成了割据势力的心脏，先后有6个割据政权在此定国号、建都城。清太祖努尔哈赤也曾定都辽阳，后来才选择了沈阳。

多次涅槃重生的广佑寺，就是这些变迁的最早见证者。

广佑寺位于辽阳市白塔区白塔公园里，距辽阳火车站仅二三百米，西与白塔紧密相牵，东与古城护城河相融，南与辽阳宾馆隔街相望。广佑寺始建于东汉，是佛教传入中国后最早出现的寺院之一。辽金元明时，盛极一时。现在，寺院仍有5项"世界之最"。

东汉明帝大力推广佛教，中原大兴佛教，诞生了白马寺等一批寺院，受其影响襄平也建起了佛堂，这便是广佑寺最早的前身，成为当时东北的佛教传播中心。曹魏年间，辽东太守公孙渊还在襄平的舍宅修建了永安佛堂，有僧人结庵修习、弘扬佛法。唐代名将尉迟恭，做事雷厉风行，唐太宗李世民让他督建了许多寺院，广佑寺

辽阳广佑寺

就是他重修的。

唐代末期，契丹族兴起于辽河流域，建立了辽，称辽阳为南京，当时的辽阳城高3丈，周30里，有8门，城四角有角楼。辽太宗时，将南京改为东京，设置辽阳府，辽阳从此得名。由于辽东居住着大量汉族，都是虔诚的佛教徒，为笼络民心巩固统治，辽国改变了萨满教的信仰，大力倡导佛教，塔寺林立，风行全国，辽五京都建有佛塔。至于是否大兴土木扩建和修葺广佑寺，未见史料记载，已无从考证。但广佑寺白塔修建于辽代确实有据可查，且塔与寺院相牵相连，寺院的规格决定着塔的大小。

从这个角度推断，辽代的广佑寺起码能与辽国的东京相匹配。

关于广佑寺白塔建于何时一直有争论。一种较为普遍的说法，金皇统五年（1145），金世宗完颜雍之母李洪愿于辽阳出家，金廷特殊性拨金钱30余万为其营建东都"大清安禅寺"（辽阳广佑寺），并建"垂庆寺"尼院供其独居，诏李氏法号"通慧圆明大师"。金贞元三年（1155）完颜雍任东京留守，与母亲李氏在辽阳相见，母子俩往来于官邸与寺院之间。金正隆六年（1161）五月通慧圆明大师圆寂，葬于垂庆寺塔园。同年十月，完颜雍于清安寺发动政变宣告即皇帝位，改元"大定"，为金世宗。尊谥李氏为贞懿皇后，第二年增修李氏葬身塔，歌颂她的贞节、德行，便是如今的白塔。

日伪时期，该说法被广为传播，一直到中华人民共和国成立后很长一段时间世人也都认同该塔为金代所建，直至如今，塔前立着的铜牌所写的中英文说明上，仍然记载着这段故事。

其实，早在1980年文物普查时，就发现了完颜雍为其母李氏建塔的塔铭。内容记述的地理位置与辽阳白塔毫无关系，因而金代建塔说被否定。而辽阳白塔建筑风格和细部做法与锦州古塔和北镇崇兴双塔风格较为一致。锦州古塔建于辽道宗清宁三年（1057），北镇双塔约建于辽道宗至天祚帝之间，据此推测辽阳白塔应建于辽代，距今约有1000年的历史。

1990年维修白塔时，众多文物中，塔顶明永乐年间的5块铜碑最为引人注目。铜碑为白塔的修建年代提供了确切的依据，"盖塔自辽所建，金及元时皆重修"，称白塔建于辽代，从而否定了此前《辽阳县志》中完颜雍为其母建塔的记载。

辽阳白塔经历过后代多次重修、增建，但仍旧保持了初建时的风貌。塔身结构严整、比例匀称、构造坚固。1975年海城大地震，辽阳距海城仅70余公里，市区烈度为7级，周围民居出现了坍塌，白塔居然安然无恙，令人备感惊奇。

广佑寺白塔是全国六大古塔之一，因塔身、塔檐的砖瓦上涂抹白灰，所以俗称白塔。塔高70.4米，八角十三层密檐式结构，为仿木结构砖雕斗拱承托檐槫，再上施椽飞，覆瓦顶，做法上完全忠实于辽地木构建筑形式，极其逼真，是东北地区最高的砖塔。白塔形制构造自下而上分别为台基、塔座、塔身、塔檐、塔刹。

石砌的台基平面呈八角形，采用多层重叠的须弥座，还加入传统的台基、斗拱、平座、勾栏和硕大的仰莲，稳重而华丽。台基通高为6.4米，分上下两层。下层台基高约3米。每边宽22米，周长176米。上层台基高3.4米，每边宽16.5米，周长132米。其他地区在维修同时期辽塔时发现有地宫、中宫和天宫，据此推断，辽阳白塔也应该有地宫，且应该在台基正中位置。

塔座置于台基上，约占全塔高度的七分之一。由须弥座、平座勾栏和仰莲座三部分组成，每面底边长10.3米，向上渐收，高9.4米。塔身八面都有佛龛，龛内砖雕坐佛，左右立有胁侍，两边为不同造型的飞天，形象各异，稳重而肃穆，线条生动流畅，是辽代砖雕的精品。塔顶的铁刹杆，自下而上穿接圆光、宝珠和相轮。

辽阳市白塔公园

塔身遍布精致的砖雕造像，佛像多属高浮雕作品，有的已接近圆雕。特别是佛龛二胁侍的雕像，形体高大，璎珞下垂，肌肉丰满，衣带临风，栩栩如生，他们附着于塔身，与建筑物浑然一体。这些佛像平衡了塔身的建筑构图，同时，这些佛像雄踞第一层塔身这一重要视觉位置，形成了视觉焦点，不仅揭示了"塔即是佛、佛即是塔"这一建筑主题，又营造了神圣的佛国气氛。

广佑寺白塔整体造型从塔基起始到塔刹结束，层次分明，疏密得当，具有音乐般的节奏韵味和雄伟壮丽的视觉效果。

金世宗完颜雍在清安寺发动政变称帝后，此寺院倍受历代朝廷恩典，成为一座规模宏大的寺院，元代时改回原称广佑寺。此后，广佑寺成为东北一座规模宏大的寺院。明太祖年间，广佑寺毁于战火。明隆庆五年（1571）修复后的广佑寺，又称白塔寺，达到极盛，有殿宇近200间，规模堪称东北之最。清光绪二十六年（1900）广佑寺为义和团活动场所。同年九月，沙俄军队以镇压义和团为名进驻辽阳，重兵"围剿"广佑寺，终使这座千年古刹付之一炬，焚烧殆尽，之后逐渐废圮。令人称奇的是，广佑寺经历两次毁灭，唯有白塔"独善其身"。

"慈云衍水，佛度众生。"衍水是辽阳太子河，从古至今，广佑寺一次次的涅槃重生，就是在保佑着辽阳的平安。而真正赋予广佑寺生命的是2002年1月的重修，以佛教为主，社会筹资、政府协调为原则，工程得到社会各界的赞助。

历时3年，复建后的广佑寺，巍巍白塔与浩浩殿宇相得益彰，犹如天上宫阙，浩瀚华美，可谓"飞檐斗拱绕云低，深庭禅馨锁烟霞"。整体建筑群布局严整，气势恢宏，壮观雄伟，整体建筑以辽代风格为基调，融合明清建筑之精华，为我国传统建筑的杰出代表。

重建的广佑寺占地面积6万平方米，建筑面积2万平方米。在寺院中轴线上由南向北依次设计建造牌楼、山门、天王殿、大雄宝殿、万佛阁、甘露戒台、三宝楼，在东西两侧建有钟楼、鼓楼、碑廊、东西配殿，寺院西部建有别院圆通禅院。其中有5项创造了世界第一。

世界上最大的石牌楼。广佑寺山门前的青石牌坊宽34米，高16米，五门六柱，形体高大，雕刻精细，是中国石牌坊中的杰作。

世界上最大的庙宇。广佑寺主体建筑大雄宝殿，建筑面积11472平方米，通高41.7米，面阔十一开间73.78米，进深七开间49.8平方米，为3层拱檐前后抱厦楼阁式建筑。

世界上殿内佛身最高、体积最大的木质释迦牟尼坐佛像。大雄宝殿内供奉的大佛，总高21.48米，佛身高17米，仅佛面就有28平方米，垂耳长3米，张开的手掌可站8个人，一根手指的长度就相当于一个人的身高。佛像采用传统的木雕漆金朱金工艺，释迦牟尼抬举的右手轻拈一只金婆罗花，神态凝重、庄严、祥和，甚是不凡。

除了山门、大雄宝殿、佛像，广佑寺还有两项"世界之最"——世界最大的青铜香炉，长12米，高1.2米，宽2.9米；世界上最大的宫灯，高4米，重1吨。

圆通禅院为广佑寺附属殿宇，建于白塔北侧的人工土台之上。占地3000平方米，建筑面积1350平方米，大殿为五开间歇山单檐式仿古建筑，通高17米。殿内中央置千手千眼观音菩萨坐像，通高6.2米。广佑寺重修时，香港高僧、广佑寺名誉方丈永惺长老，将珍藏的两枚佛骨舍利移驾广佑寺，现供奉于观音殿中。

"关东古刹祈康宁，宝塔巨佛佑众生。"辽阳广佑寺再现盛世，不仅恢复了千年古迹，而且以深邃的文化内涵和磅礴的建筑气势，与寺前宽广的中华广场、波光潋滟的青年湖融为一体，形成了一个以历史文化为底蕴，以宗教文化、园林艺术为内涵的旅游风景区。

东北最早的口岸

——牛庄古镇

到牛庄看古镇，没有向导，准会迷茫，因为它的古老很少摆在表面，而是藏在人间烟火中、普通的庄稼院里，即使能找到的，也不一定能品鉴到。所以，在牛庄找个能帮你寻古的向导真的不容易，起码他的阅历不能浅，对古镇要熟稔于心，还要有丰富的文史知识。若是不信，随便到镇上找个年轻人，大多一问三不知。

我虽然多次去过鞍山海城，但从未涉足城西20公里的牛庄镇，对古镇的了解只限于历史教科书。第二次鸦片战争期间，西方列强与清政府签订《天津条约》的十一条款项中，逼迫开放的9个通商口岸，第一个就是牛庄。

英国侵略者对牛庄如此痴迷，必有原因。一直以来，这也是我心里的谜团。我在电话里和鞍山市作协主席卜庆祥探究此事，他给我找来一本《牛庄镇志》，怕我对古镇迷茫，索性给我找个生于斯长于斯，又特别善于研究东北史的吴迪先生给我当向导。吴迪对牛庄的每个街巷都如数家珍，在他的娓娓道来中，牛庄古镇在我头脑中渐渐恢复到了几百年前的样子。

牛庄原称牛家庄，是先有码头，后有城镇。明朝初年，常年有数千艘船从南直隶应天府（今南京）太仓和山东启航，将辽东戍军的粮米、布花等军需物资从海上运抵牛庄码头。然后，上岸储存周转装入河船，从牛庄码头沿太子河运抵当时东北的行政中心辽阳，也可通过浑河抵达沈阳、抚顺等地。

这就意味着牛庄是明朝在整个东北的军需物资中转站。如此重要的水中交通枢纽，却在洪武五年（1372）被北元纳哈出部偷袭了，烧抢粮食10余万石，损失军马3000余匹。为防备北元，朱元璋在此修建了牛庄驿城，并一度设置了辽海卫。

牛庄驿城为土筑，地势略高于四周，呈正方形。后金天命八年（1623）努尔哈赤占据牛庄，使这里成为防备明军复辽的海防前线，并重修了此城。重修的牛庄城墙高二丈二尺五，有垛口、腰台。设有3座城门：常用的东门称为德胜门；西门为外攘门，这块门额现收藏于沈阳故宫博物院；北门叫福胜门，平时处于关闭状态，几乎没有多少存在感；南面没设城门，城下为海城河的支流，等同于护城河。民国初年，城墙已经坍塌，墙砖多为当地民众捡走砌墙盖房，现已荡然无存。

城内有东西一字大街，驻有八旗军，掌印章京为从四品官员。东北面为储藏军粮的粮仓，西北面为校军场，中间立有一个"保境安民"的石坊，石坊的后面是一座不大的狐仙庙，寓意驱赶老鼠、保护军粮。

吴迪给我介绍这一切时，他的手指仿佛是时光机器，把眼下的民居虚幻成尖顶的粮囤和兵营。只有一处是眼见为实，那就是倚在一户人家墙根处的一根石坊柱子。他无不遗憾地说，小时候他还看到过牌坊，后来就被拆掉了，石头构件也不知去向。

不过，一字大街中间路南的一座建筑弥补了这一损失，那是座硬山式建筑，青砖青瓦，后檐方椽出头，大约有8间房，裸露出来的青砖均为磨砖对缝，虽经近400年的风霜雨雪，依然规整如初。别看它现在沦为普通民居，当初却是辉煌一时，为章京衙门，俗称"大老爷府"。这是牛庄古镇中保存最完好的清初建筑，1975年海城发生7.3级强烈地震，牛庄到处是残垣断壁，而大老爷府、天主教神父住宅，除了墙体有些裂纹，还完好如初，可见其建筑的牢固程度。

衙门的两侧自然是兵营，当然也有马厩。马厩在哪儿，吴迪说不清楚，不过他准确地指出了马神庙的原址，就在牛庄镇南关小学的北墙外。满族是马背上的民族，既然是兵营，那就少不了马神庙。

牛庄古镇是因码头而兴，码头位于城北4公里的小姐庙，东南至西北走向的海城河右岸，所以亦称为"小姐庙码头"。船坞虽在河中，却一直被称为海码头，因为这里离海较近，海城河、太子河、浑河相继交汇后，形成了大辽河，随即入海。海水涨潮时，海水逆着大辽河口的河水，一直推到浑河与太子河交汇处，也推高了汇入太子河的海城河水位。所以，一些吃水较深的船只，也能顺潮而来，停泊在小姐庙码头。

明朝初年，航运的船舶船头均高高昂起，纷纷入港，极像扬着牛角的群牛奔腾而至，民间传说，牛庄由此得名。码头在明朝洪武、永乐年间盛极一时，明朝中叶，随着辽西走廊的开通，牛庄码头逐渐式微。

清康熙三十二年（1693）创兴盛京海运，"劝导商船泛海贸易，所有货物止征正税"，牛庄因商贸重新繁荣。一时间，来自天津、福建的货船百舸争流，"闽中商船，十余日可抵牛庄，一切海货，有更贱于江、浙者"。小姐庙至牛庄的8里路，运货的马车昼夜兼程，如同长蛇，牛庄无可置疑地成为当时的东北商贸中心。

写到这里，大家也就明白了，为什么1858年的《天津条约》把牛庄列为第一个通商口岸。牛庄的大门敞开了，列强的商品进入东北市场便会畅行无阻，而东北是中国最富饶的地区，大豆、矿产等资源也会被源源不断地掠夺走。《天津条约》生效后，牛庄成了国际商港，英国还在此设立了领事馆。牛庄"货物源源，市场喧嚣，夏则轮声帆影万艘鳞集，冬则车尘马迹络绎于途"。

码头如此繁荣，陆路交通就有些吃紧，修桥则是必须，太平桥便应运而生。道光二十八年（1848）海城河上的太平桥落成，从此，人们从牛庄古镇到小姐庙码头，再也不需要摆渡了。太平桥为石拱桥，是牛庄保存最完好的古代建筑，也是牛庄标志性建筑，桥长50米，宽4.5米，有十五孔。桥上有石柱围栏，柱顶有着石猴、石狮、石桃、石莲等小型雕塑。正月十五摸石猴，祈福太平，为牛庄的民俗。

太平桥以北均为小姐庙码头，有数里长，可承纳商船千艘，右岸砌着青石的码头遗址至今仍在。然而，太平桥上不太平，1895年甲午陆战，牛庄之战相当惨烈，日军三面合围牛庄，湘军、淮军据守太平桥东的郅隆泉烧锅，依靠4个炮楼拼死抵抗，阻止日军过桥。守军把烧酒当武器，上演了一场真实版的《红高粱》。付出2000余人的伤亡后，湘军、淮军抵抗失败，退出牛庄，随即日军在全城"执剑挨户搜查，杀人无算"，城内血流成河。

牛庄古镇从此衰落下去。

尽管太平桥结实，战火毁不掉，地震震不裂，可真正的太平，只有到了太平盛世。太平桥最后一次"不太平"发生在20世纪末，马车已经成为过去时，重载车常轧在太平桥上，原本紧密的石板，石缝越轧越大，桥面便"不太平"了，当地政府用石墩封锁了桥面，"太平"便水到渠成了。如今太平桥南的水面上是"接天莲叶无穷碧"，朵朵荷花点缀其间，微风拂过，煞是好看，一群幸福的老人悠闲地坐在桥头。

有码头，必然有码头文化，码头文化的特点就是包容、多元。一个小镇居然吸纳了多种宗教信仰，佛教、道教、基督教、伊斯兰教，都能在小镇上找到落脚地，至今信众不绝。有码头的地方，就少不了天后宫，而牛庄却有自己的叫法，称"小姐庙"，也称"肖姬庙""天妃庙"。它是乾隆皇帝亲敕修建，还立起了一座透龙碑，此碑现立于牛庄观音禅寺中。比如天主教神父故居，是被义和团焚毁后，清政府赔款修建而成，风格为前廊后厦，中法建筑风格融为一体。比如地藏寺，因海城河向西而流，就有了七月十五放河灯的习俗。后来修复的关帝庙、药王庙、清真寺等，也都零散地分布在小镇内。

码头的居民大多是移民而来，牛庄也成了多民族居住区，主要是汉族、满族和回族。汉族人大多从关内迁来，占小镇人口的绝大多数。满族人也有不小的比例，为当年八旗驻防尉的后裔。回族人迁入牛庄的历史可追溯到明嘉靖年间，清真寺始建于顺治二年（1645），可见当时牛庄的回族人已经有了不小的比例。

各民族在牛庄交往融洽、相互协作，有许多感人的故事流传至今。1913年天降大雨，太子河决口，海城河漫延成灾，民众度日艰难。李宝兴、李海兴兄弟二人在关帝庙前设粥棚，方圆百里的民众聚在牛庄，只为一天能喝上一顿粥。牛庄的第二座粥厂是吴家设立的，也就是我的向导吴迪的祖先。两家都受到了民国政府的嘉奖，李家还得到了黎元洪副总统亲书的牌匾。民国初年，新兴教育，牛庄在海城第一个开设了女子学堂（南关小学前身），不许女子再裹脚。

融合得最好的例子是牛庄馅饼，分店已经开到全国各地，仅沈阳市内就有十几家。牛庄馅饼好吃，得益于牛庄的回民，他们将技艺传给了刘海春和高小山，海记、山记馅饼合在一起，成全牛庄馅饼，民间一直流传着"山海合流"的美谈。

我很有口福，到牛庄的第一件事，就是卜主席带着海城的几位文友，请我吃牛庄馅饼。那是种薄如纸片、圆如月饼、找不到接口的馅饼，手艺如此之精实在令人叫绝。而香而不腻的馅儿，咬上一口就能记住一辈子。

牛庄古镇就是如此，只要品透了，就会记住一辈子。

京东首关

——九门口长城

北纬40度，这道陆路最长的横轴，是地球上神奇的存在，这里是各种气候、各类地形的分水岭，也是农耕文化与游牧民族的分水岭。高大、坚固而且连绵的长垣——万里长城，蜿蜒而去，成为抵御游牧民族掳掠的关键，曾有效地维护了中原王朝的统治，保障了边民正常的生产、生活秩序。

现存长城，以明代长城为主，西起祁连山，东至鸭绿江，是中国古代重要的军事防御工程。因其构筑年代久远，施工地势险峻，建筑规模宏伟，被联合国列为世界文化遗产。

一般来说，长城多为依山脊而筑，逢山而过，遇水而断。唯有九门口长城，遇水未断，它横跨两山之间，9个护城拱门并排横贯峡谷间，拱门上架起了一条横跨九江河口的巨大水上城桥，气势恢宏，固若金汤，成为万里长城中唯一的水上长城。

九门口长城恰好在北纬40度上，位于绥中县李家乡新台子村，距县城62.5公里，距山海关15公里，距姜女庙仅6公里。这里属燕山余脉，群峰簇聚，层峦叠嶂，山势巍峨，巨石峥嵘，沟谷深邃，坡陡崖峭，仿佛一道屏障，隔绝了关内外。缘九江河而上，是除山海关之外关内外交通的重要门户。

正因为如此，其军事价值凸显，早在北齐时便在此修建了长城。现存长城始建于明洪武十四年（1381），徐达亲自率燕山卫等卫所的

九门口长城

九门口长城夜景

官兵15000余人，主持修筑了蓟镇长城，共有关口32座，最东边的关口便为九门口。城全长1704米，其中水上长度百余米，9座泄水城门各宽5米，从地面到券旐石高7米，连垛口高达10米。

在明代，如此浩大复杂的工程，施工难度可想而知，明王朝坚定不移地修建下来，其关隘的战略重要性非同小可，被誉为"京东首关"绝非虚名。

九门口百余米宽的河面上，铺就着1.2万块过水条石，俱为纵行铺砌。每块条石大小尺寸分毫不差，仿佛一个模子而出，条石上凿有燕尾槽榫卯，环环相对，中间用铁水浇铸成银碇扣。因此，7000平方米的过水条石牢固如一块石头，与桥墩紧紧地贴在一起，无论多大的洪水，皆能水漫其上，丝毫不会损坏墙体。这也是九门口亦称"一片石"的原因。

关城两端设有两座围城，为天启六年（1626）增筑，各有7个券洞，里砖外石，高大宏伟，是长城中少见的结构。两座凸出的围城，呈"井"字形状，下端石墙的券洞为箭矢的射击孔，当敌兵攻至城下时，可以和城上垛口形成上下左右交叉的防御体系，消灭来犯之敌。当有敌人被俘时，围城便瞬间成为"水牢"，用来看守俘虏。

九门口向来是兵家必争之地，这里发生的许多战事改变了中国历史的走向。

明崇祯十七年（1644），镇守山海关的明总兵吴三桂在勤王的路上，听闻北京城破，崇祯帝在煤山吊死，便率"关宁铁骑"返回九门口。吴三桂本已降李自成的大顺军，因父亲被抓、家被抄、爱妾陈圆圆被刘宗敏掳走，他"冲冠一怒为红颜"，便秘密降了从关外尾随而来的多尔衮。李自成亲率大军征讨吴三桂，"一片石之战"就这样爆发了。双方大战得昏天黑地，鲜血染红九江河水，尸骨堆积如

九门口长城

山，眼看吴三桂败势显现。多尔衮突然杀出，李自成大败而归，匆匆在北京登基，第二天撤出京城。

多尔衮占领九门口，标志着清王朝将顺利入主中原。

1924年第二次直奉大战爆发，直系军阀曹锟、吴佩孚因九门口失陷，战局迅速扭转而遭遇惨败。奉系张学良、郭松龄俩攻山海关，以迅雷不及掩耳之势攻占九门口外石门寨，一番血战夺取了九门口，绕过山海关，直取其背后的秦皇岛、北戴河，使直军腹背受敌。至此，奉系军阀入驻北京。

当然，这些发生在九门口的战事，都是历史上常见的改朝换代而已，而真正改变中国命运的是没有战事的九门口。1948年，四野从九门口悄然入关，发起平津战役，和平解放北平（今北京）。至此，九门口不再具有军事价值，而是以民族文化留存于世，以休闲旅游为主要功能。

九门口素有"城在水上立，水在城下流"的美誉。近些年，由于九江河流量减少，绥中县人民政府在下游建了一座橡胶水坝，九门口下才呈现出波光潋滟。连成一体的一片石，规整而又清晰地呈现在水底，人们在悠闲地观赏水上长城奇观时，成群的小鱼在清浅的九江河里观赏岸上的人群。

登上城桥，眺望两侧，长城沿山势蜿蜒逶迤而上，雄奇险峻扑面而来，敌楼、哨楼、战台、信台、烽火台接二连三映入眼帘。若在深秋，长城掩映在层林尽染中，红黄绿等颜色将长城衬托得更加瑰丽雄伟。沿右侧长城拾级而上，山的陡峭在不知不觉中被消解，大汗淋漓时，回首再俯视九门口，曲折的河水，狭窄的关隘，规整的城桥尽收眼底。

除却长城，九门口还有一个奇特之处，便是所谓的"地下长城"。21世纪之初有一项考古发现，九门口城墙下的山休内有一条隧道，据考证为明代所修。长城隧道沟通长城内外，里面可以驻军，贮存武器粮食，连水井、伙房、厕所也都一应俱全，甚至还有供奉关公的祠堂，犹如一座地下宫殿。

这个新的发现丰富了九门口长城的战略内涵，同时也给九门口带来了新的旅游资源。经过整修，隧道里铺设了照明装置，方便游客参观游览、避暑纳凉。此外，景区管理者还在隧道的门口别出心裁地设立一座禽鸟观光园，让游客沉浸在鸟语花香中，暂时远离历史的沉重。

天然长城博物馆

——锥子山长城

锥子山长城位于绥中县永安堡乡西沟村，距县城85公里，距"京东首关"九门口23公里。锥子山长城全长22455米，分为蓟镇长城和辽东镇长城。其中，蓟镇长城始建于明洪武十四年（1381），由大将徐达奉命督造；辽东镇长城始建于明正统七年（1442），为辽东巡抚王翱奉旨筑造。

锥子山因山高陡峭，远看似锥子直插云天而得名，为万里长城最险峻路段之一。登锥子山长城，没有向导引领，请勿擅自探访，林深草密容易迷路不说，最艰难的是险，仿佛步步登天。贸然而上，处处悬崖峭壁，俯身下视，令人心悸，若有不慎，便有摔下山崖的危险。

因其险峻，人迹罕至，目前还未开发，仍保留着它的原汁原味，在万里长城中有着显赫的地位，素有"天然长城博物馆"之称。它屹立在那里等了你600多年，等得满身残破，期待的就是与你的不解之缘。

停留在这里，无处不感受到古代人的智慧，他们巧妙地利用锥子山自然形成的天险，将3道军事设施汇聚于此，形成3道"丫"字形防御带。第一道为蓟镇长城，始于老龙头，经山海关、九门口一路向北，延伸到锥子山；第二为辽东镇长城，始于鸭绿江畔丹东虎山长城，一路向西，断断续续地经过辽西走廊的龟山、小虹螺山等长城，盘旋到锥子山上；蓟辽长城在此会合后，向西延伸出去，经北京的慕田峪、八达岭最终抵达嘉峪关。

锥子山长城蜿蜒于燕山余脉的崇山峻岭之间，站在锥子山顶的敌楼，举目眺望，山连山岭连岭，连绵不绝，威武雄壮。长城的每一座敌楼都恰到好处地安排在了一个险要的地方，或在制高点，或临悬崖，或盘巨石，或守于山口，都能遥相呼应。由远及近，3道长城如3条巨龙盘旋飞腾，汇聚到锥子山顶，恰似三龙聚首，有一种君临天下的感觉。这种虎踞龙盘、气势磅礴、交相辉映的盛景，在万里长城上绝无仅有。

如果仅仅是雄伟壮观，锥子山长城还不能被专家誉为"天然长城博物馆"，这里还有厚重的长城文化。长城的原始状态保存较为完好，这是必要条件，建筑的形式变化多端，是这里的重要特点。于如此险峻之地建筑长城，在建筑上鲜明地体现了"据险制塞"的特点，因地制宜、就地取材，一般要宜石则石、宜砖则砖，或砖石合筑，或依山崖天险劈山为墙。

锥子山长城随山势蜿蜒曲折，高低起伏，敌楼林立，星罗棋布，错落有致，蔚为壮观。有空心敌楼40余座、烽火台19座、马面4座。墙的宽、高不等，宽的有5~7米，窄的1米左右；高的有7~8米，矮的1米左右。沿长城内侧，有些段落筑有马道，长23米，宽3.3米。

不要以为长城是粗犷的，只有军事防御的功能，它同时体现的也是建筑艺术。它的修筑工艺精巧，建筑强度极高，具有重要的考古研究价值。实际上，每一座敌楼都是不同的艺术品，把细腻的江浙文化和古朴的楼阁天衣无缝地结合在一起。细看每一个石头拱起的券门，两侧石柱与门楣都有简洁、饱满、生动的雕刻，有花蔓，有枝条，有古瓶，仿佛是在石头上勾勒出的国画，使到处散发着阳

锥子山长城

锥子山长城

刚之气的长城，暗暗地衬托出阴柔之美，堪称古代长城建筑的典范。

自隆庆二年（1568）戚继光完成平倭大业，奉朝廷旨意，从浙江义乌带来戚家军镇守蓟辽，到万历十一年（1583），十几年间，他们以家庭或者家族为单位，镇守每一座敌楼。这就意味着，长城就是他们的家。

戚家军边修筑长城、戍边防敌，边生产、生活，漫漫边墙与他们的骨血筋络结为一体，无论酷暑严寒或风餐露宿，他们都戍守在此地。他们的后裔繁衍至今，早已脱胎换骨成了北方人，除却长城内外的古村寨依然保留有江浙之风，性格、风俗与语言习惯再也找不到江南人的温婉。

可是，历史的痕迹是遮不住的，走进锥子山长城或周边的敌楼中、荒野上，多处可见当年戍边将士们使用过的石炮、石雷、碗罐残片等。还可见开垦过的良田、石场、砖窑的旧址、坟墓等。特别是长城的文字砖、记事石碑，记载着当年修筑长城的年代、有过卓越贡献的人物。

值得一提的是，锥子山长城的敌楼，大多以姓氏命名，如张家楼、李家楼、呼家楼、赵家楼等。奇怪的是，还有3座"寡妇楼"。当年的出身义乌的戚家军随戚继光修筑长城、镇守蓟辽，便一去不复返。南方的亲人惦念不已，一些寻亲的女子便如同孟姜女一般北上寻夫，得知镇守边关的丈夫战死沙场，遗骨已经安葬在长城两侧，索性替夫守关，"寡妇楼"由此得名。

最难解之谜是锥子山顶的敌楼是怎么修建的。徒手爬到山顶都有生命危险，那个时代，生产工具特别简陋，古人用什么办法把青砖运到山顶？答案是戚家军的后人给出的，他们的祖先每家都养着山羊，镇守长城的士兵，先把粮食扛到山顶，诱惑着自家的山羊爬到自家的敌楼。长此以往，山羊形成习惯，到山顶吃粮食。山羊每

锥子山长城

一次上山，都不是空着上来，脊背上驮着两块青砖。日积月累，敌楼就这样诞生在"会当凌绝顶"的山上。

时隔近500年，一座座青石砌基青砖叠就的三层敌楼虽已残损，气度依然不减，各式各样的残壁，仍旧气宇不凡地挺立，根基照旧坚固敦实。面对每一名不畏艰辛攀爬而至的游客，它都会赤裸而又真诚地迎接。

锥子山长城并不局限于一座锥子山上，全程共分10段。除了锥子山的雄，还有小河口段的奇、大毛山段的秀。除了长城的灰色是永恒的，锥子山长城的每一段、每一个季节、每一天的不同时段，都有不同的色彩、不同的景色。

如果你是位摄影家，无论在哪个时刻，都能拍到你想要的"江山如此多娇"。

辽西走廊的咽喉

——兴城古城

辽西走廊历来为兵家必争之地，尤其明代，这一狭长地带像条扁担，担起王朝的关内与辽东的联络。而蒙古部落时常袭扰辽西走廊，中央王朝与辽东之间一旦被切断，广袤的辽东便会孤悬于外。辽西走廊的军事重镇——兴城古城，便应运而生。

兴城古城，原称宁远卫城，明宣德三年（1428），广宁总兵巫凯上奏朝廷，陈述利害，应于辽西走廊中段修建宁远城，以巩固辽东防御。明宣宗朱瞻基批准了奏章，两年后，这座扼制辽西走廊咽喉的卫城建设完成。

兴城古城为方形卫城，城四面正中皆有城门，东曰春和，南曰延辉，西曰永宁，北曰威远。城门内各有坡形砌登道，便于人马物资通行。城门上为两层楼阁、围廊式箭楼，城门外为半圆形瓮城。城的四角高筑炮台，突出于城角，用以架设红夷大炮，东南角建有魁星楼一座。

古城的城墙基砌青色条石，外砌大块青砖，内垒巨型块石，中间夹夯黄土，城墙高8.8米，周长3200米。城内东、西、南、北大街十字相交，古城的正中心有一座雄伟壮观的钟鼓楼，它凌空飞架，与4座城门箭楼遥相对应，显得威严壮观、气势巍峨。钟鼓楼高17.2米，是古城内最高建筑。基座平面为正方形，高如城墙，下砌通向四条大街的十字券洞。站在券洞之内，东西南北四街布防一目了然。

兴城古城延辉门

平台之上为两层楼阁，周围廊式，歇山卷棚，飞檐凌空，朱廊画栋。拾狭窄木阶，登楼阁之顶，可瞭望城外四周，来犯之敌尽收眼底。战时击鼓进军，平时则为报晓更辰所用。

城墙与钟鼓楼构成兴城古城的主体，从军事意义上讲，既有森严壁垒、威严屹立的气势，又有牢不可破、铜墙铁壁的坚固；从美学意义上讲，既有皇城宫殿的气势，又有精巧的工艺和绘画、雕塑的艺术审美。

明亡清兴的60年内，两个王朝相争的交会点，始终聚焦宁远城。著名学者阎崇年称，"一座宁远城，半部明清史"。天启六年（1626）正月，清太祖努尔哈赤率兵13万围攻宁远城，身负重伤，败退而归。天启七年五月，清太宗皇太极统军再攻宁远城，又败城下。宁远之战与宁锦之战，让守将袁崇焕一战成名。

明清之际，兴城古城是战略要地，和平时期却是辽西走廊的重要驿馆、商贸之地、旅游之城。600年来，兴城古城给中外游客留下深刻印象，其深厚的文化底蕴令人叹为观止。其中明代一条街、祖氏石坊、文庙、督师府、宁远驿馆等古城内建筑，所传递的古韵遗风极具品位。与西安古城、荆州古城、平遥古城同列为我国迄今保留完整的四座古代城池。

兴城古城街内的路面，均为花岗岩铺就。其中，南街古迹保存较多，于20世纪80年代恢复和完善了"明代一条街"，两侧商店仍保持着幅式雕嵌的金字匾额，市容典雅，古色古香。南街中段，最为显赫的便是祖氏石坊。两座牌坊均为岩石料雕琢而成，造型都是仿木结构，四柱三间五楼式，单檐庑殿顶，柱高楼小，显得高架凌空，竣严矗立，气势雄伟。中柱和边柱下端南北两侧下蹲大小石狮两对，造型生动逼真，弓背昂首双双微作互相欲视之态。石坊雕刻工艺精美、手法细腻逼真，虽已经受近400年的风雨剥蚀，但仍保存完整。

祖氏乃兴城旺族，明朝末年为保卫锦宁一线，战功显赫，所辖"关宁铁骑"一度被称为"祖家军"。祖氏石坊有两道，入延辉门，迎面第一道为祖大乐石坊，正面横匾额"登坛骏烈"。第二道为祖大寿石坊，比第一道石坊高出一截，正面刻有两块横匾，上为"忠贞胆智"，下为"四世元戎少傅"。两人为堂兄弟，为笼络祖氏兄弟效忠朝廷，楹联与牌匾多为溢美之词，刻字均为阳文，无论从书法角度还是从考古角度看，都具有较高价值。

即便是军事重镇，古城兴建伊始，一直注重文武兼治。兴城文庙，亦称孔庙，与古城同期建成，位于古城内东南隅。最初只有正殿大成殿一座，作为"庙"学。明景泰、成化年间先后扩建，增添了乡贤祠、社学等设施，清康熙、乾隆、道光、光绪年间再修与扩修，成为东北三省最古老的、辽宁省境内最大的一座文庙。1924年，原直隶省长兴城人氏王承斌独立捐修，文庙内院形成现有规格。1949年后，人民政府多次全面修缮，使得廊柱朱漆、雕梁画栋的原貌一直保持至今。21世纪初，扩充了文庙外院，东侧院嵌有黑色花岗石《论语》碑墙，共100块，皆为国内著名学者、书法家之翰墨。西侧院墙则嵌有圣迹图，共41幅，采用明代正统九年（1444）木刻版本精工细雕，图文并茂，栩栩如生。

文庙内院为三进院建筑，照壁、棂星门、泮桥、戟门、大成殿、崇圣寺主要建筑安排在中轴线上，整个建筑结构严谨、布局方正。院内入门为第一进院。院南为照壁与南垣墙连立，院北有棂星门，与两侧的圆月亮门相接。过了月亮门，便是第二进院。院中泮桥（状元桥）纵跨，桥头有戟门立于高台之上。庭院两侧配以更衣亭、祭品亭、多贤祠和名宦祠，显得分外雅致。过戟门向北，便入三进院，戟门相对的甬道中部，是汉白玉整体雕刻的孔子塑像。每年旅

兴城古城钟鼓楼

游旺季时的祭孔仪式便在此处举行。甬道尽头，是文庙的主体建筑大成殿，大殿飞檐斗拱、画栋雕梁、气势恢宏，殿中供奉着孔子神位，门额高悬康熙年间刻制的"万世师表"巨匾。

文庙内曲径通幽，古树参天，苍松荫翳。古柏、银杏等树木，树龄比古城还要古老，还有古柏育桐、卧桐成林等奇观。更令人称奇的是，冬天时文庙是古城中最温暖的地方，而到了酷暑难挨之时，文庙又成了避暑纳凉的好去处。

出文庙径直北走，东街的路北，则为重建的蓟辽督师府。督师府为明朝北方最高军政机构，始建于明嘉靖二十九年（1550），天启、崇祯年间孙承宗、袁崇焕等督师蓟辽时，均在此办公。吴三桂携20万军民入关，弃守宁远时，将督师府付之一炬。

2002年，兴城市人民政府根据明朝规制重建督师府，占地1.1万平方米，设有府门、仪门、旌善亭、申明亭、正堂等。内设的展区，以传统和现代多种表现形式为手段，再现明朝辽东军事历史，展示了"宁远大捷"等重要历史时刻。旅游旺季，督师府院内设有真人表演秀，活灵活现地为游客表演明军誓死保卫宁远城的情景。

与督师府对称的古城西街，有一座古风典雅的客栈——宁远驿馆。宁远驿馆是经国家文物局批准的仿古建筑群，是集古城文化、驿馆文化、满汉饮食文化、满族民俗文化为一体的新概念体验式院落群。驿馆内闹中取静，亭台楼阁，雕花窗格，小桥流水，处处透露着古风宅院的仪式感，视线之内一步一景，可谓"清风尽兴，明月倾城"。

古城内除明清风格之外，民国风格的建筑也得以留存，现仍有百余座民国老宅得以保存，最典型的是文庙东侧的郜家住宅。郜家住宅的主人为张学良的中将参谋长郜汝廉，解甲归乡后定居于此。建筑风格与沈阳张学良旧居颇为相似，共有居所18间，东侧则为花园，称幺园，有江南园林之妙。郜家后人曾将宅院拓为兴城女子学堂，以提升家乡教育水平。

延辉门之西的周家住宅，同与其隔着城墙相望的王承斌家宅，则为民国年间富庶家族典型的居住风格，古朴牢固，实用却不奢华。当然，古城之内也少不了城市的保护神，那便是城隍庙，庙宇不大，五脏俱全，香火常年缭绕。

总之，和平年代，这座古代的防御重镇，原有功能丧失殆尽，取而代之的是文化的传承，为人们提供了休闲旅游的去处。

明长城的东起点
——虎山长城

说到虎山长城，必须明确一个事实以正视听，那就是万里长城东起点的问题。至今仍有人固执地认为，东起山海关，西至嘉峪关，已是常识，不该有争论。殊不知犯了个错误，无论是秦长城，还是明长城，最东起点都不在山海关。秦长城的东起点在朝鲜清川江入海口，而明长城的东起点则在鸭绿江右岸的虎山。

这个错误，始于教材。20世纪中小学教材对长城的描述，均为东起山海关。教材的错误也不是平白无故的，客观上讲，虎山长城确实毁了，无论高耸的城墙，还是敌楼、箭楼、马面、烽火台，均不见踪影，更莫说长城的标志——女墙了。人们习惯上把视野中消失的东西当成不存在。

另一种错误更为致命。有些人主观地认为东北皆为胡地，人为地割断辽东与中原的脐带。岂不知，从商末贵族箕子被周王封于辽东始，战国时燕国吞并孤竹，鸭绿江以西的辽东，一直为中原文化所浸润。秦统一六国时，辽东郡的范围已跨过鸭绿江，秦长城将清川江、丹东、本溪、抚顺的长城联结成一体，一直延续进燕山和阴山山脉。

好在1989年，经飞机航拍和实地调查考证，发现了600余米长城遗址。随后，一批著名文物专家在丹东召开论证会，用史料与遗址相互验证，认定明代万里长城的东起点在宽甸满族自治县的虎山地段。于是，从20世纪90年代起，教材作了系统性的纠正，不再误人子弟。

辽东长城的第二次修建，始建于明成化五年（1469）。《明史·兵志》载，"终明之世，边防慎重，东起鸭绿，西至嘉峪"，明确指出长城东起鸭绿江，西至嘉峪关。明大兴土木修筑长城，始于明成祖朱棣的"天子守国门"，主要是为了防范北元的复辟，阻止蒙古部落的侵扰和劫掠。而虎山长城的修建，防范的却是另一股力量——建州女真。

建州女真与大明王朝既有千丝万缕的联系，又有千仇万恨。永乐元年（1403），明置建州卫，任辽东女真胡里改部头人阿哈出为建州卫指挥史，并赐姓为李，成为明王朝的守土官员。世袭建州卫都指挥金事的李满住的姑姑嫁给朱棣为妃，妹妹嫁给朱瞻基为妃，成为明朝名副其实的皇亲国戚。

然而，联姻不过是各取所需，并不妨碍双方各怀鬼胎。建州女真势力渐渐壮大，客居朝鲜阿木河的建州女真人，不肯忍受李氏王朝的欺压，迁至国内，落脚于辽东。明朝干脆将建州女真一分为三，而李满住趁明朝经历"土木堡之变"正值虚弱时，打破明朝分而治之的打算，合并了建州三卫，势力大增，屡屡犯边劫掠。

明宪宗成化三年（1467），因建州女真时从时叛，明朝决定武力惩戒，约朝鲜出兵，夹击建州三卫，斩杀了李满住及其子，史称"成化犁庭"（建州月屠）。为防止残余的建州女真东山再起，再度劫掠辽东汉民与朝鲜，在南临鸭绿江畔、爱河之滨，虎山南麓之巅，依山傍水修建了虎山长城。

虎山原名马耳山，两个高耸的山峰，状似竖立的虎耳，亦称虎耳山，清代易名为虎山。虎山临江独哨，平地孤耸，视野开阔，对岸朝鲜的田地、房屋一览无余。作为国门，将长城选址虎山，确实

虎山长城

有军事意义。

　　然而，事与愿违，无论是山海关的长城，还是虎山的长城，都没有成功阻挡住八旗的铁骑。因为最牢固的长城不是建在山上，而是筑在各族人民的心里，人心所向，那才是永远不倒的长城。事实上，虎山长城的修建，除了劳民伤财，对防范建州女真基本没起多大的作用。等到努尔哈赤崛起时，李成梁放弃宽奠（宽甸）六堡，虎山长城便形同虚设了，随后便遭到了强拆、损毁，渐渐被岁月风化，又被年复一年疯长的植物掩埋，痕迹越来越淡了。

　　幸亏有考古工作者的不懈努力，已经沉睡将近400年的虎山长城终于被重新唤醒。这次修复与战争无关，是恢复和重现长城文化，证明万里长城的最东起点的真实存在，给人们留下一个凭古吊今的地方。

　　现在我们看到的虎山长城，是依据1992年通过的《虎山长城修复设计方案》，在原明长城遗址上大规模修复的，初现了长城最东端的面貌。2000年又加大投资力度，完成了1000多米长城的主体修复。

　　从此，这里成了回望历史、旅游观光、休闲度假、享受美好生活的去处。

　　虽说虎山长城隶属于宽甸满族自治县，却离县城很遥远，如果前去旅游，先居住在丹东市内是很不错的选择。乘车沿鸭绿江一路北行，不出半个小时，便能到达虎山长城景区。途中一侧是沿江美景，另一侧是沿江平原，给人一种到了江南水乡的感觉。等看到丘陵层层叠起、逐次抬升时，峭立的虎耳山也闯入了眼帘，它平地异峰突起，险峻挺拔，临江一面是悬崖峭壁，怪石嶙峋，犹如一颗明珠镶嵌在鸭绿江畔。

　　万里长城的具体起点是江边的邦山台，在明遗址上依崖傍江而

虎 山

虎山长城过街城楼（局部）

建，编号为1号台。据史书记载，邦山台并不大，10平方米左右，仅能驻兵7~8名。修复后，邦山台长26米、宽20米、高10米。修复后的邦山台，台顶架有两门火炮，四周插满彩旗，颇有战时威风。为什么扩修？道理很简单，既然是万里长城最东起点，谁不想看？如果按原规格重修，很容易产生游客踩踏事件，基于安全考虑，不再拘于原有规格了。事实证明，这一以人为本的考虑是正确的，即便是扩修了，邦山台也常常挤满游客。

虎山长城的标志性建筑是过街城楼，也就是俗称的城门楼子，是长城内外的唯一通道。过街城楼位于虎山北坡，以红色为主，给人以雄浑的历史韵味。城楼高23.6米，共五层，其中主体城楼三层，高9.6米，女墙高0.8米，底层进深20.5米。二层箭楼高14米，开间14米，顶进深11米，仿木结构，青瓦挑檐。箭楼顶部檐下悬挂着古建筑学家罗哲文书写的"虎山长城"匾额。

登上过街楼向西眺望，横卧山上的长城，以敌楼、烽火台为纽带，像条巨龙，闪转腾挪，逐次向上，飞奔向长白山脉。向东望去，则是虎山长城的制高点，海拔146.3的山顶敌楼。敌楼海拔虽然不高，但坡度不小，拾级而上，依然会累得气喘吁吁。

登上空心的敌楼，仿佛攀上了高昂的龙首，有一种飞翔的感觉。站在这里，一切景象豁然开朗，你可以尽情地饱览鸭绿江两岸的风光，观看天际蜿蜒，山峦叠翠，江河如带，平原沃野。村庄与田野阡陌纵横，鸡鸣与狗吠相互交织。甚至烟波浩渺的渤海，也能隐约浮在视野，让你顿生豪迈之气。你可以张开双臂，拥抱山河，拥抱生活，拥抱世界。

虎山长城，沉淀的历史数不胜数。古时过虎山，想走近路，千米栈道是唯一的选择，即使在原址上重修了，有了很完备的安全措施，依然让游客胆战心惊。特别是"虎口"这一段，天然形成的夹扁石，远看像老虎半张着的嘴，逼着人走过去，才能"虎口逃生"。长城上的山险墙，修建的过程做的是"减法"，人工凿去峭壁上多余的石头，让悬壁更加光滑，找不到手脚攀登之处。

虎山南侧爱河的对岸，有丹东最早的县城——汉代西安平县遗址。再往西去，还有金、元故城九连城、明代镇江城古城址，甲午中日战争、日俄战争战场遗址也在虎山。如果这些还不能满足你对历史的考究，不妨去虎山长城历史博物馆，那里有更详细的讲解、更古老的文物。上下两层的博物馆，除了展示的文物，还有集声、光、电等多种科技手段于一体的多媒体影像，安静地坐下，细心地品味，你可以身临其境般回到历史之中。

清王朝的兴起地

——赫图阿拉故城

从抚顺出发，东行100公里，从新宾满族自治县县城出发，西行19公里，便到了永陵镇的赫图阿拉故城。故城始建于明万历三十一年（1603），公元1616年努尔哈赤在此登基称汗，建国号大金，建元天命，史称"后金"。公元1634年，皇太极尊此城为"天眷兴京"，后人又称其为"老城"。它是我国历史上最后一座山城式都城，也是迄今保存最完善的女真族山城。

赫图阿拉是先有寨后有城。据推测，山寨初成大约在明永乐年间，努尔哈赤六世祖猛哥帖木儿从朝鲜辗转回国，定居在苏子河谷，明成祖加封其为建州左卫指挥使，赫图阿拉便成为爱新觉罗家族的大本营。家族的朝廷敕书，一直传承至努尔哈赤的祖父觉昌安。

明嘉靖三十八年（1559），努尔哈赤出生在赫图阿拉。万历十一年（1583），继承了指挥使职位的努尔哈赤，以为祖父、父亲复仇之名，凭十三副铠甲起兵，逐步壮大起来，统一了建州女真各部。万历十五年是个微妙的年份，明神宗开始怠政。努尔哈赤地位已经很显赫了，他觉得有必要建造一个宫城，于是在赫图阿拉南不远处，兴建了费阿拉城。费阿拉在汉语中是"矮山冈"的意思，此举貌似偏安一隅，却也藏起了他的野心。

万历三十一年，囿于费阿拉的局限，努尔哈赤迁回了赫图阿拉，开始大规模修建宫阁亭殿，形成如今的规格，并于13年后定都立汗。费阿拉从此成为"旧老城"。

在赫图阿拉大兴土木，努尔哈赤主要是出于战略防御的考虑，一直攻无不克地攻城略地，迟早会惹恼明王朝，有备无虞。虽然建成之后，这里从未发生过防御战，主要原因是"进攻是最好的防御"，但从中也看出努尔哈赤时刻不忘的危机意识、未雨绸缪的深谋远虑。

赫图阿拉在汉语中意为"横冈"，坐落在一座平冈丘上，北濒苏子河，东临苏子河的支流皇寺河、加哈河，南为里加河。赫图阿拉四面近水，三壁陡峭，平地突兀，冈顶平展，是一座地理位置绝佳的山寨城。除四面环水，它还四面环山，东为皇寺山，南为鸡鸣山，西为烟囱山，北面则群峰起伏。

苏子河穿过千沟万壑，到达赫图阿拉附近，形成一片宽阔的河谷平原。这里土层深厚、雨量充沛，特别适合庄稼生长。每逢春播时节，耕牛布散，秋收季节，人欢马叫。沿河两岸的谷地丘陵，均被辟为耕地，为八旗军提供了充足的军粮。

水量充足，不仅可灌溉农业，又为赫图阿拉城提供了丰富的水产品。丰水期可行船出谷，顺流而下可抵达抚顺、沈阳、辽阳等地。战时还可以通过水路快速地运送兵员。望不到边际的原始森林，为建筑赫图阿拉城提供源源不断的木材，还可以出产人参、松子、榛子、山禽、兽肉与毛皮。

赫图阿拉故城，为一个王朝的崛起提供了得天独厚的环境。城内地势南高北低，四周筑有高高的城垣。内城周长5里，外城周长10里。城周10里内设九门即南三门、北三门、东二门、西一门。内城建有汗宫大衙门、八旗衙门、关帝庙、城隍庙、启运书院、文庙等。汗宫大衙门呈八角形，与后来努尔哈赤在沈阳建的大政殿有异曲同工之处，俗称"金銮殿"。内城居住着努尔哈赤的家属和亲族。

赫图阿拉城北门

外城驻扎着八旗精锐部队，建有点将台、校场、仓廪区，还有各种工匠，有2万多户。最有意思的是驸马府的位置在外城内、内城外，这就意味着驸马是半个家人。

萨尔浒大战，仅几万八旗军就破了明朝和朝鲜四路大军的合围，后金军大获全胜。胜利助长了努尔哈赤的野心，他已经将山海关外满洲之地视为自己的江山，赫图阿拉无法继续承载都城的使命。天命六年（1621）四月，努尔哈赤率军攻占了明朝东北的行政中心——辽阳，并将都城由赫图阿拉迁于此，改称东京。4年后才定都沈阳。

尽管赫图阿拉不再是都城，清代以后，赫图阿拉还建有协领衙门、理事通判衙门等。该城始终居住10多万之众，辟有10里商贾闹市，车水马龙，呈现一派繁华景象。清军入关之后，赫图阿拉作为龙兴之地被称作兴京，设专职人员守护，仍聚居着大量的旗人，繁华依然如故。

一切繁荣皆毁于1904年的日俄战争。沙俄军队无视这里是大清国的龙兴之地，驻军于此。第二年撤退时，极尽破坏之能事，亭台殿阁均被彻底摧毁，商铺民居焚毁殆尽，原有风貌荡然无存。从此，赫图阿拉不再是古城，而是荒废的故城。后来陆续迁来些居民，才有了人间烟火，称这里为老城村。

沉寂了整整100年，赫图阿拉故城终于恢复了原貌，以新的姿态重现于世。

赫图阿拉故城的修复，努力按照修旧如旧的原则。正因为如此，劫后余生的遗留之物，与恢复重建的建筑巧妙地融合在一起。游览此地，仿佛穿过时光隧道，重回当年的古都——兴京。

我们先说一说幸存下来的神奇古迹吧。

赫图阿拉城罕王井

最让人称奇的是罕王井。此井位于赫图阿拉城内城中部，是城内唯一一口饮水井。井深丈余，井水充盈清澈，俯身可取，清爽甘甜，严冬不封，酷暑清凉。这口井曾养育了八旗子弟兵，被誉为"千军万马饮不干"的井。

距罕王井不远处，几株400多年的老榆树，虽然稀疏地立着，树冠却接连在了一起，遮蔽出一片阴凉。据说，这些榆树是当年努尔哈赤亲手植下，清历代皇帝拜谒祖陵，都要拜一拜老榆树。沙俄军队把赫图阿拉城烧成一片灰烬，神奇的是，这几株老榆树却安然无恙，所以民间称其为"神树"，并将红布条绑在树上为自己祈福。"神树"不负大家的封赏，寄生出了能够补肝肾、强筋骨、祛风湿、安胎的名贵药材——冬青，"神榆百巢"成了赫图阿拉八景之一。

赫图阿拉的城门楼虽毁，但城门墙尚在，城东还有一截残垣顽强地挺立。如今用玻璃罩住，以免被人为破坏和风霜雨雪侵蚀。透过玻璃，可以清晰地看到，城墙高有7尺，墙内为土、石、木杂筑而成。岁月给人们剥开了城墙的剖面，建城时如何夯实墙体一目了然。

修复的建筑体现出了满蒙汉文化相融合的特点。

1998年，当地政府对赫图阿拉故城进行了全面考古发掘，出土了大量的建筑构件和日常用品。这些物品为在原址上恢复原貌提供了珍贵的参考样品。有几座宫城式的重点建筑基本上如实地还原了修复照片上的原貌。

现在，进入赫图阿拉城西门，走过北城墙遗址，首先映入眼帘的是外形呈八角形重檐攒尖式建筑的汗宫大衙门，大衙门东侧的4间建筑便是汗王寝宫。大衙门前的广场，新宾县歌舞团的演员载歌载舞——表演满族舞蹈、唱满族歌曲，欢迎每一位游客。

继续向东走，一座高台之上，有一处青砖青瓦硬山式四合院建筑，正房为5间，称作"正白旗衙门"，当年皇太极在此处理旗内军政事务。寄生着冬青的神榆树，就遮蔽在正白旗衙门的门前。门外的影壁墙上，画有皇太极正襟危坐的画像。继续走下去，还有八旗衙门、协领衙门等等。

后金在整合东北各民族的过程中，也在不断地吸收中原文化。努尔哈赤称汗的前一年，在赫图阿拉又修建了文庙，既保留了传统文庙的风格，又具有女真人的建筑特色，体现了努尔哈赤对孔子的尊崇。如今，文庙也恢复如前了，祭孔活动完全继承了曲阜的孔庙。

文倡导孔子，武倡导关羽。除了文庙，关帝庙也是赫图阿拉城的主要建筑物。其他宗教场所，还有女真人最崇尚的萨满神堂，道教的显佑宫，佛教的地藏寺。这足以说明前清时期文化的包容性。

唯一遗憾的是，修复后的这些建筑满文极少。随着岁月的流逝，能识别满文的人越来越少，一些名称无法准确恢复，只能以汉字代替满文了。

最难能可贵的是，赫图阿拉故城对当年生活区恢复重建后，满族文化气息扑面而来。努尔哈赤的出生地塔克世故居，不过是3间草房，和其他人家一样，"口袋房，匚字炕，烟囱竖在地面上"，"窗户纸糊在外，养活孩子吊起来"。

最别具一格的是，每家每户的院门里都立有一根索伦杆，杆上支撑着一个斗，里面装上谷物或动物内脏，供给满族的神鸟——乌鸦享用。

修复后的赫图阿拉故城，有效地利用了空地。汗宫大衙门西侧，一处深潭，面阔水幽，荷香四溢，金鲤满池；东侧陡坡下，还有一泓清澈的池水。西潭东池景色怡人，汗宫大衙门好似龙头，两泓碧水左右辉映，恰如龙目，故有"神龙二目"之誉。其他的空闲之处，种植上了烟草、高粱、谷物等一年生的作物，核心景区担心遮挡游

赫图阿拉城汗王寝宫

客的视线，铺上了草坪，使故城在显示历史遗韵的同时，又不失现代气息。

　　赫图阿拉故城之外山水环绕，自然风光多姿多彩，当地政府把故城与周边的风景名胜、人文景观、水上游乐结合在一起，打造出了一个具有满族文化特征的风情旅游区。

后金的庇护者

——觉尔察城

没有觉尔察城，或许就没有大清王朝。

一座城池可以被时间湮没，也可以化作尘埃，但曾经的文明，总会在历史中留下印痕，结晶成一种精神，觉尔察城便是如此。这座荒圮的古城还能活着，是因为古城中存在过影响后世的人物。觉尔察城，这座鲜为人知的清前城寨，就是以这种方式留存于世。

觉尔察城又称"济湖塞"，位于新宾满族自治县永陵镇南1公里、赫图阿拉城西2公里的烟囱山下，与清王室的祖陵永陵隔河遥遥相望。觉尔察城是清前六祖城之一，始建于明嘉靖年间，创立者为努尔哈赤的大伯祖德世库。

六祖城满语为宁古塔，意思为六处，与现在的黑龙江省海林市的宁古塔并无直接联系，同样是满语而已。努尔哈赤的曾祖福满汲取祖先被明朝和朝鲜联合清剿、血洗屯寨的教训，一面对明王朝俯首帖耳，言听计从，充当大明京都的舍人，一面卧薪尝胆，出入马市赚取家财，苦心经营赫图阿拉城，使家族重新兴旺起来。皇帝为他发敕书，袭父职，为建州左卫都指挥使。福满有6个儿子，按照女真人的习俗，长子留在身边继承祖业，其他儿子成年后必须与父亲分居另过。

而福满却一反常态，把最会理财、最懂人情世故的老四觉昌安留在身边，居赫图阿拉城，长子德世库居觉尔察城，次子刘阐居阿哈伙洛城，三子索长阿居河洛噶善城，五子包郎阿居尼玛兰城，六子宝实居章甲城。他们各立城寨，与赫图阿拉城近则2公里，远不过5公里，形成了军事拱卫上的犄角之势，对抗外来的侵袭。

这就是福满的高明之处，打破常规，让最有能力、最能兴旺家族的儿子继承祖业。清朝立储，不再延续明朝的嫡长子继承制，或许与福满立下的家规有关。多子夺嫡虽然会造成皇室一时混乱，但胜出者均是出类拔萃的治国者。

德世库自知不如四弟，虽心有不甘，但面对父亲的安排，却也无可奈何。德世库结婚后，父亲给他分了一笔财产，主要是一群马匹和几头耕牛，还有数十名阿哈（奴隶）。他带着几个塔坦（狩猎的生产组织），开始在觉尔察建筑城寨，成为独当一面的首领。

尽管德世库从小在富裕的环境中长大，可女真人无论家庭生活好坏，从少年时都练就了独立狩猎、捕鱼、耕种的能力。德世库为证明自己的能力，更为自己的城寨牢不可摧，不会被其他部落吞并，开始了艰苦卓绝的筑城。

从某种程度上讲，福满为长子选择觉尔察城，还是很偏爱的。这里不仅距赫图阿拉城最近，而且是苏子河与其支流的交汇处，地形易守难攻，十分险要，一直以来，是爱新觉罗家族的教场。对于马背上的民族，教场的重要性不言而喻。

觉尔察城依山而建，地势南高北低，形似一个圈椅的靠背。东面是陡峭的山崖，崖下是河水，与赫图阿拉城遥相呼应；西面是险峻的陡坡，有烟囱山庇护；南面是渐渐升高的崇山峻岭，直入长白山脉。山门朝北，面向滔滔的苏子河，仿佛是天然的护城河。据守山城，可控南、东、西三路交通要道，可以称作赫图阿拉城的门闩。

山城之上并非高高隆起，而是偌大的平地，甚至呈"凹"字形。周边稍加垒砌，便是坚固的城墙。凹陷之地也有缺口，那里修筑起了北门，积水可以顺着北门排出。门外是开阔地，都袒露在箭矢的射程内。

虽然时光过去了将近500年，亭台楼榭都已逝去，当年的觉尔察城不复存在，已被浓密的森林、茁壮的庄稼覆盖。如今参观觉尔察城，简陋的山门是用木头暂时搭建的，简单的城门只剩下两道断墙。城墙的遗址也断断续续，据考古研究，觉尔察城墙周长约为715米。但若是有心人，还会有所斩获，当年的房基隐约而见。翻开石头仔细观察，偶尔还能发现盘碟、箭头、马镫的残片。

觉尔察城不变的是远处的小长白山、近处的烟囱山。一口深深的古井，充盈地保存着繁华时的故事，饮一口它的甜，就能尝出当年的滋味。还有千年古墓，墓主人把秘密也带进那个世界，等待考古学者撬开他们的嘴。女真祭祖堂、德世库遗址、老君真人堂、狩猎木屋等，都是为游客参观而搭建的，简单却更能回归本真。

从遗址上看，当年的工程规模相当浩大，可见德世库曾动用大量的人力与物力，付出很大的心血和代价。也能让后人感觉到，他离开赫图阿拉城有多么不甘心，否则不会被别人怂恿对抗觉昌安，虽然失败后安静了，却不受明朝的皇封，依然称自己为贝勒。

但不管怎么说，德世库当初没有争抢继承权，还是成全了觉昌安，才会有后来努尔哈赤的脱颖而出。

德世库没能继承祖业，只是爱新觉罗家族给努尔哈赤祖父创造的一个条件，让其子孙承接了贵族身份，还不足以成全努尔哈赤。可后来觉尔察城诞生了两个杰出人物，一文一武，如左膀右臂般托起了努尔哈赤的大业。一个是新满文的创始人，满族大圣人达海；另一个是清朝开国元勋，常胜将军安费扬古。

建州女真中会使用蒙汉文字的，只局限于部落首领和贵族奴隶主阶层。努尔哈赤虽然精通这两种语言，起兵之后，受困于本民族只有语言，没有文字，相互之间的交流依赖蒙古文字的拼音，带来很大的不便。创立本民族的文字迫在眉睫。额尔德尼、噶盖二人"遵上指授，独任拟制"，参考蒙古文字母，创制了满文，称之为"老满文"。

推广与使用过程中，努尔哈赤等人发现"老满文"问题颇多，字母数量不够，辅音清浊不分，字形不统一，语法结构也存在问题，尤其是汉语借词难以拼写。努尔哈赤赦免了语言天才达海的死罪，令其以戴罪之身研究"新满文"。

达海世居觉尔察，以地为氏，为少年天才，9岁通晓满汉文，又精通朝鲜、蒙古语，弱冠之年"凡满洲与明及蒙古、朝鲜词命，悉出其手"。达海接过了这一历史重任，历时10余载，研究创制"新满文"。他在前人创制的文字基础上加上圈点，改变部分字母写法，创造了相应的发音规则等方法，完善了满文，纠正了不少之前的使用漏洞。

天聪六年（1632），皇太极发布汗谕，正式颁布达海主持改进的"新满文"。清统治者入关后，钦定满文为国语，在国家重要建筑上均有满文文字，皇家子孙必须学习满文满语。由于满族与中原地区汉族的摩擦与交流中大量吸收了汉族文化，因此在满文的语汇中也有不少是仿造汉语模式创造而成的。

创立完"新满文"，达海用满文翻译汉文文献《孟子》《三国志》《资治通鉴》《大藏经》等。可惜的是，达海积劳成疾，这些译著未竟而卒，年仅38岁。因为这一具有历史意义的突出贡献，后世满族人馈赠达海"圣人"的称号，以纪念他的丰功伟绩。

诞生在觉尔察城的武将安费扬古，与努尔哈赤同岁，最早参加了努尔哈赤"十三副铠甲起兵"。克图伦、攻甲板，他冲锋陷阵，不畏箭矢，成为努尔哈赤不可多得的急先锋。浑河与苏子河汇合处的界藩城，地势险要，为兵家必争之地，在城下的太兰岗，努尔哈赤中了埋伏，陷入敌人包围圈。安费扬古与努尔哈赤换了坐骑、银枪、头盔，命堂弟胡费扬古等人保护他先撤，自己断后，对汗王一片赤胆忠心。在决定建州女真生死存亡的古勒山大战中，安费扬古按照"知己知彼，百战不殆"的战略分析敌情，用智慧和勇气活捉乌拉部贝勒布占泰。

安费扬古的儿子被敌人抓走作为人质时，他对努尔哈赤表现出舍生忘死、百折不挠的忠贞："没有什么连累，跟着都督去复仇、去统一建州，是我自己的选择，就是千难万险，赴汤蹈火也在所不辞！"他追随努尔哈赤出生入死南征北战近40年，每逢强敌，他总是挺身突入，冲锋陷阵，已成为一位战无不胜的常胜将军。他与努尔哈赤的主仆、君臣关系，是英雄识英雄、英雄结英雄、英雄爱英雄、英雄所见略同的相互欣赏。

觉尔察城人才辈出，曾经是个文能安邦、武能定国的地方。

努尔哈赤的祖先们

——清永陵

　　清永陵是后被加封的皇陵，是清初"关外三陵"中最早的陵寝，安葬着努尔哈赤的6位先祖及其他亲人。严格来说，是清太祖努尔哈赤的祖陵。

　　清永陵坐落在辽宁省新宾满族自治县县城西22公里、赫图阿拉老城东南5公里、永陵镇西北2公里，是清初"关外三陵"中最早建造的一座皇陵。永陵坐北朝南，后倚长白山余脉启运山的南麓，前面缠绕着玉带般的苏子河，隔河与秀灵独具的烟囱山相望，静卧在深山碧岭之中，颇得山川天然之形胜，有万乘之尊之势。

　　民间流传，满人能入关，爱新觉罗氏能坐拥天下，和永陵的风水有着千丝万缕的关系。玄妙而又令人称奇的是，启运山上有12个山头，似乎暗示着清朝有12代皇帝。山峰高的对应的皇帝在位时间就长，山峰低的对应的皇帝在位时间就短。

　　选址永陵，还有另一段传说。当年努尔哈赤的祖父、父亲被辽东总兵李成梁的兵士误杀，大明朝廷为安抚努尔哈赤，便给了他30道敕书、30匹好马，赐予他都督敕书，归还其祖父、父亲的尸骨。努尔哈赤接受赏赐后，背着祖父和父亲的骨殖回家，走到乔山之下，又累又饿，天又快黑了，再也走不动了。他决定，把祖父和父亲的骨殖挂在树上，空手回家。第二天，他来取骨殖时，发现已经长进了树里，怎么拿也拿不出来。他认为天意难违，就地起墓，将祖父和父亲安葬在这里。

传说毕竟是传说，和正史有较大的出入。而女真人崇尚自然，有树葬的传统，却是真实可靠的。

书归正传。

永陵始建于明万历二十六年（1598），努尔哈赤为表达对先祖的崇敬和怀念，派人四处勘察陵址，为其先祖起建陵寝，最终选在乔山［顺治八年（1651）更名为启运山］之下。陵寝建成初期，只将他的曾祖福满的遗骨迁葬于此，六世祖猛哥帖木儿是衣冠冢。当时陵寝并未命名，仅以"赫图阿拉祖陵"称之。天聪八年（1634），皇太极将赫图阿拉更名为兴京，祖陵随之更名为"兴京陵"，直至顺治十六年尊为永陵。

天命九年（1624），努尔哈赤定于辽阳建东京城，于城北羊鲁山建造东京陵寝，一度将祖父觉昌安、父亲塔克世、伯父礼敦、五叔塔察篇古等人遗骨迁出赫图阿拉祖陵，安葬于东京陵寝。剩余的陵墓专称"二祖陵"，亦称"老陵"。顺治十五年，认为东京风水不好，龙脉不足，将迁出的遗骨又迁回兴京陵安葬。至此，努尔哈赤的六祖重聚于永陵。

事实上，清朝统治者对祖陵一直念念不忘，因为那里是爱新觉罗家族的龙兴之地。自顺治十二年起，开始对"二祖陵"进行重修和扩建。他们认为，永陵重峦环拱，众水朝宗，有"龙冈"之称。顺治改其为永陵，以寓江山永固、帝业长久、子孙繁盛、世代绵长之意。

崇德元年（1636），皇太极称帝，改后金为清。按古制追尊四祖为四王，即猛哥帖木儿为泽王，福满为庆王，觉昌安为昌王，塔克世为福王，并为四王设太庙祭祝。

顺治五年，清世祖福临追封四王：猛哥帖木儿为肇祖原皇帝，

清永陵之四祖碑亭

福满为兴祖直皇帝，觉昌安为景祖翼皇帝，塔克世为显祖宣皇帝。同时追封四王的嫡福晋为皇后。

永陵的规模不大，略显简陋，但形制布局大体与福陵、昭陵相同。陵区由前院、方城、宝城三部分组成。整个建筑群既体现了鲜明的满族民族风格，又受到中原传统建筑的影响。永陵宫门正前方2里的地方，矗立着一对高大的石碑，立于陵寝大道两侧，便是通称的"下马碑"。下马碑后是陵寝的神道，为4丈宽的黄沙大道，笔直地伸向陵园的正门——正红门。

正红门是一座面阔3间的硬山式琉璃顶建筑，内装6间朱漆对开门木栅栏，具有满族建筑的独特风格。正红门两侧的缭墙，红墙碧瓦，将整个陵园紧紧地围绕起来，显得庄严肃穆。进入正红门，便到了陵寝的第一进院。院落不大，神道两旁皆为绿草坪，视野倒很开阔。前院的正中位置，并排坐落着4座巍峨的碑楼，为单檐歇山式建筑，南北各辟一券门，券门之上嵌有二龙戏珠石雕。4座碑楼之内，分别置立着肇祖原皇帝、兴祖直皇帝、景祖翼皇帝、显祖宣皇帝及4位皇后的神功圣德碑，上刻有"承家开国"之类的颂词。

方城位于碑亭之北，它是永陵的第二进院，东西宽70米，南北长76.8米，是"关外三陵"中最接近正方形的方城。方城的正门是启运门，是一座单歇山式琉璃瓦建筑，面阔三间，进深四间，周以外廊相绕，装有6扇巨大的朱漆木门。门中间为神路，仅供皇帝出入，东门供其他官员出入，西门供职掌司人员出入。启运门左右两翼正中各筑有一悬山式青砖瓦脊照壁，用砖雕成五彩琉璃蟠龙。

方城的北部正中是启运殿，是陵寝的正殿，也是永陵的主体建筑，供奉着四祖神位。启运殿为单檐歇山式建筑，黄琉璃瓦顶，饰金彩绘。殿脊之上，饰有8条行龙。殿脊两端鸱吻的剑把上分别透雕"日""月"二字，大概表示帝王可以肩挑日月，也有破明之意。

启运殿后面就是宝城，是陵内的墓地，这是陵寝的第三进院。宝城呈八面马蹄形，面宽22.4米，进深18.7米。陵墓借启运山的地势，平地起墓，没有地宫，分上下两层。福满葬于上层平台，左葬觉昌安，右葬塔克世，猛哥帖木儿的衣冠冢葬于福满墓的东北隅，谓之"招魂葬"。

岁月流逝，沧海桑田，永陵几经变迁，至顺治时期终成定制。启运山开启大清国运，瑞神树预示政权兴衰。曾几何时，永陵衰败得杂草滋生，无人问津，后因恢复历史文化，各级政府投入了大量的财力，永陵方才恢复了原貌，成为真正的"永陵"。

民族大融合的象征

——沈阳故宫

中国现存的故宫，只有两座，一座在北京，另一座在沈阳。两个故宫又有着千丝万缕的关系，同样有着故宫博物院。从某种程度上讲，沈阳故宫是缩小版的北京故宫，总占地面积63272平方米，建筑面积18968平方米。

沈阳有故宫，还得从努尔哈赤迁都说起。天命六年（1621）二月，努尔哈赤率八旗军一举攻陷沈阳卫城，旋即挥师南下，乘胜追击，攻占了明朝的东北行政中心辽阳。将辽阳更名为东京后，开始大兴土木，修建京城和宫室，把后金的都城从赫图阿拉迁到了辽阳。

毫无疑问，辽阳是当时东北最繁华的城市，而沈阳仅是个用来屯兵的中卫城，况且已被战火损坏，仅剩一道十字街而已。3年过后，东京的宫殿、官署也基本竣工，努尔哈赤突然改变了主意，放弃物产丰饶、繁荣富庶的辽阳，迁都到破败不堪的沈阳。

众贝勒与大臣正欢天喜地沉浸于新都东京，天命十年三月，努尔哈赤突然召集大臣会议，颁布命令，即刻迁都沈阳。众贝勒与大臣不解，王朝迁都都是迁往更好的地方，不该迁到沈阳，何况未见敌情，为何仓促迁都？虽然他们反对，无奈努尔哈赤已经考虑成熟，不容置疑。于是，王公大臣告别了他们刚修建的王府官邸，携儿带女，与数十万官兵一道，跋涉一昼夜来到沈阳。

连战连捷，努尔哈赤本该踌躇满志，实际上，迁都沈阳，他是在做战略收缩，缩回拳头，为的是更有力地进攻。辽阳西有庞大的明朝，北有蒙古，东有朝鲜，南有毛文龙，四面受敌。何况辽阳本是汉人的聚居地，而后金在辽南"杀尽男丁"的做法激起了汉人强烈的反抗。定都于大明在东北的中心，就是刺激和挑衅中原，等于把自己送到风口浪尖。

与其陷于内外交困，不如跳出来另辟蹊径。沈阳背倚长白山余脉，南据浑河右岸，退可据萨尔浒险地而守，亦可回赫图阿拉老家。攻可从浑河入辽河，顺流而下。既利于与蒙古科尔沁部结盟，又可躲开大明与朝鲜的两面夹击，更可以避免与汉人矛盾的激化。

沈阳替代辽阳，成为新的东北中心城市，对后金巩固政治、军事、经济起到重大作用，为清军入主中原奠定了基础。

令人不可思议的是，沈阳故宫何时修建，居然成了一大悬案，可能是清代统治者认为，修建皇宫就是给皇帝建个家，劳民伤财的事情没必要写进史书。不过，有一点可以明确，努尔哈赤并未在皇宫中居住过。毕竟仓促迁都，不可能先建宫后迁都。后来出土的汗王宫遗址证明，努尔哈赤当时居住在现沈阳故宫北门外的一个两进的四合院。

沈阳故宫最先修建成的是东路——大政殿和十王亭，据推测，为天命十一年八月初已完工，因为《满文老档》载，八月初一，努尔哈赤在大政殿举办了满、汉、蒙古八旗总兵及以下官员的筵席。这说明他的毒疽是突然复发的（正月时攻打宁远城，为袁崇焕所伤），急赴狗儿汤（清河）温泉医治，不愈，八月十一薨于瑷鸡堡（今沈阳市铁西区大青中朝友谊街道大挨金社区）。

大政殿最早称为"大衙门"，是努尔哈赤和皇太极举行大典和八旗大臣办公的地方。建筑布局上，大政殿居于中，十王亭对称立于两侧，其中最靠近大政殿向前略为突出的两座亭子，为左右翼王亭。

沈阳故宫大政殿

雪后沈阳故宫的凤凰楼

其余八亭则按八旗旗序呈雁翅状排开，组成完整的建筑群，这是清朝八旗制度在宫殿建筑上的具体反映。

大政殿为八角重檐攒尖式建筑，八面出廊，其下为须弥座台基，殿顶满铺黄琉璃瓦且镶绿色剪边，16道五彩琉璃脊，大木架结构，榫卯相接，飞檐斗拱，彩画、琉璃以及龙盘柱等，是汉族的传统建筑形式。但殿顶的相轮宝珠与八个力士，具有明显的藏传佛教色彩。大政殿内的梵文天花，又具有少数民族的建筑特点。

从某种意义上讲，东路的大政殿与十王亭，与沈阳故宫的主体建筑风格迥然相异，不设围墙，内置火炕，符合八旗军政合一、民主议政、共商国策的特征，外形上明显有马背上的民族特征，更像行军打仗时的"黄幄"。这些特征，已经显现了"满蒙一家"的战略布局。

皇太极继承汗位，与顺治继承皇位，登基大典都是在大政殿举行的。国之大事祀与戎，都在大政殿广场举行。顺治元年（1644），6岁的顺治帝下达清兵入关的号令，多尔衮率八旗军从大政殿前出发，从此翻开了中国最后一个封建朝代——大清王朝新的一页。

沈阳故宫的主体建筑为中路的大内宫阙，有明显的模仿明朝北京皇宫的痕迹。天聪元年（1627）皇太极在大政殿的西侧开始续建，天聪六年宫殿建筑基本就绪，从此，这里就成了他临朝听政、日常饮食起居及后妃们居住的地方。

1636年五月，皇太极在大内宫阙里称帝，将国号从"后金"改为"清"，年号由"天聪"改为"崇德"，将单一血缘的女真族，改为以地域为主的"满洲"，真正开启了民族大融合。他命名沈阳城为"天眷盛京"，宫殿为"盛京皇宫"，并吸收中原文化，制定了宫廷典章制度，并正式确定了宫殿之名。

大内宫阙由大清门、崇政殿、凤凰楼、清宁宫、关雎宫、麟趾宫、衍庆宫、永福宫等组成。大清门，习惯称为大门，皇太极改元称帝时，用新国号"大清"命名这座皇宫大门，中间为御道，只有皇帝才能走，两侧的翼门则是供官员及宫女、太监等因事出入。第二年，又在大清门外东西两侧分别建立了文德坊、武功坊，也被称为东华门和西华门。

中国古代宫廷建筑，皇帝处理政务、举行国家典礼的地方，叫"殿"，帝后居住的地方叫"宫"，合称为"宫殿"。"前殿后宫""前朝后寝"是宫廷建筑的规矩。崇政殿是清太宗皇太极时期的"金銮殿"，皇太极在此日常办公和临朝听政，接待外邦来客，迎接明朝高官来降，举办小规模国家庆典。

穿过崇政殿旁翊门便是内廷，也就是皇帝的私人居所。内廷的全部建筑，宫均比殿高，俨然是宫殿中的城堡。与北京故宫殿高宫低截然不同，这符合女真人的习惯，无论在赫图阿拉、界藩山城，还是在东京辽阳，生活区都建筑在高地，适合登高望远，时刻警惕来犯之敌。凤凰楼亦是如此，4米高的青砖台基上，三滴水歇山式围廊，顶铺黄琉璃瓦，镶绿剪边，是当时沈阳最高的建筑，皇帝携后妃登临此楼，全城尽收眼底。沈阳成为陪都后，"凤楼晓日"被誉为"盛京八景"之一。

穿过凤凰楼，就是皇太极及其后妃们的起居之处。院落的东、西、北三面分布着5座寝宫。这些宫殿镶嵌的龙纹五彩琉璃栩栩如生，雕刻彩画精致生动。寝宫和宗教祭祀连在一起，设有火炕和火地，窗从外关，烟筒设在后面，这是满族建筑的特点。正面是中宫清宁宫，是后宫的中心，取名自《老子》中的一句"天得一以清，地得一以宁"，皇太极和皇后哲哲就居住在这里。

东宫关雎宫居住着皇太极最钟爱的妃子宸妃——海兰珠。宫名取自于《诗经》"关关雎鸠，在河之洲，窈窕淑女，君子好逑"，表达了皇太极对宸妃的无限宠爱。西宫麟趾宫居住着贵妃娜木钟，得名于《诗经》中的"麟之趾，振振公子，于嗟麟兮"，寓为有仁德、有才智的人。次东宫衍庆宫居住着淑妃巴特玛·璪，意为绵延喜庆、得宠兴旺。

最值得一提的是次西宫永福宫，居住着庄妃布木布泰。永福，永久幸福之意，表达美好祝愿之词。庄妃是顺治皇帝的生母，顺治皇帝福临就生在永福宫。庄妃一生辅佐了顺治、康熙两代皇帝。

有意思的是，皇太极地位最高的一后四妃，均是蒙古族人，其中皇后、宸妃、庄妃来自科尔沁部，后与妃三人是姑侄关系。而贵妃和淑妃，来自察哈尔部落。"满蒙一家"是有清一朝的国策，这些蒙古贵族的女儿们成为皇太极后宫中的显贵，巩固和加强了满蒙联盟的政治体系。

西路于1782年建成，此时盛京已经做了100多年的陪都，这里成了清朝皇帝东巡盛京时，读书看戏和存放《四库全书》的场所，由戏台、嘉荫堂、文溯阁和仰熙斋等组成。整个建筑设计和布局，反映了皇帝的所谓尊严和严格的封建等级制度。当时木材要到浑河上游的崇山峻岭的原始森林去砍伐，砖瓦要从100多公里的海州（现辽宁省海城市）烧制，耗费无数人力畜力运到沈阳。故宫的每座殿宇，一砖一瓦，一石一木，都凝结着劳动人民的智慧和血汗。

西路主体建筑是文溯阁，专为存放《四库全书》而建，建筑形式仿照浙江宁波的天一阁，面阔6间，二楼三层重檐硬山式，前后出廊，上边盖黑色琉璃瓦加绿剪边，前后廊檐柱都装饰有绿色的地仗。所有的门、窗、柱都漆成绿色，外檐彩画也以蓝、绿、白相间的冷色调为主，这与其他宫殿红金为主的外檐彩饰迥然不同。其彩

沈阳故宫文溯阁

画题材也不用宫殿中常见的行龙飞凤，而是以"白马献书""翰墨卷册"等与藏书楼功用相谐的图案，给人以古雅清新之感。文溯阁后面，有抄手殿廊连接着仰熙斋，斋后为九间房，其中有芍药圃、梧桐院等。这是乾隆皇帝东巡时的读书之所。

沈阳故宫博物院不仅本身是重要的古代宫殿建筑群，还以丰富的珍贵收藏而著称于海内外。可惜的是，经过沙俄与日本的两次劫掠，许多珍贵的文物佚落他方。新中国成立之后，有许多珍品重归沈阳故宫，现存在沈阳故宫博物院的文物有盛京定更钟、努尔哈赤宝剑、皇太极的腰刀和鹿角椅、金须弥山等。

最为遗憾的是文溯阁里再也没有《四库全书》了，历尽千辛万苦也没能回归，好在没有遗失到海外。

东北第一街

——沈阳中街

　　一条步行商业街，持续繁荣400年，从未衰减，走遍中国再也找不到第二条，这便是独一无二的沈阳中街。

　　天命十年（1625），努尔哈赤定都沈阳伊始，按照中国历代王朝的习惯，依"左祖右社、面朝后市"的原则，开始了对城区的修缮和增建。第二年，皇太极继位，沈阳城开始大规模的扩建，改沈阳的"十"字街为"井"字街，且一直保持到现在。"井"字第一道"横"画，中心是沈阳故宫，即现在的沈阳路；第二道"横"画，是故宫后侧的中街路。井字大街各端同8座城门直接相连，可惜的是，后来8座城门均被拆毁。

　　中街原名"四平街"，其寓意为"四季平安，年年太平"或"四海升平"之意，与如今吉林省四平市并无关系。因为四平街地处沈阳古城的中心地带，人们习惯地把它叫成了中街。四平街何时更名为中街已无从考证，清末的时候，人们已经混用两个名称了。

　　最初的中街，东起钟楼，西至鼓楼，是长约556米的步行街。明朝末年，辽东开原、广宁（今北镇）、抚顺的马市贸易繁荣，辐射面东达朝鲜，西达中原，北联蒙古诸部，南牵海上贸易。而沈阳恰在三大马市的中间，顺其自然地成为各民族互换商品的中心，商品经济有了长足的发展。

　　清军入关后，大批满人"从龙入关"，沈阳成了清朝的陪都。然而，又有大批汉人闯关东，进入了龙兴之地，人口非但没有减少，反倒成倍增加，民间贸易更加繁荣。沈阳古城的正中心——中街，因其得天独厚的商业位置，不再是简单的集市，一些影响较大的商号陆续出现在中街的南北两侧。

到了康熙中期，以中街为中心的商业区真正形成，连南北小巷中都充斥着商铺。如康熙十五年（1676）的"天合利丝房"是中街最早的老字号店铺，由山东黄县（今龙口市）的单氏两兄弟创办。后来形成了以"天、兴、吉、洪、裕、谦"为字头的六大字号丝房，这些丝房多数由山东黄县人创办，故俗称"黄县帮"。这或许就是当年的"招商引资"吧，其中吉顺丝房一直保存至今。

中街初始时，街路狭窄，南北宽仅3丈多。商铺檐牙相接，相对的双方各自探出好几尺的雨搭"欺街占道"，曾有"隔街借火"之说。如此窄街，车马运输、行人出进均不方便。中街的道路用三合土轧成，并不牢固，夏有泥泞粘脚，冬有裂缝生风，交易环境恶劣，局限了中街的发展。

光绪三十二年（1906），经东北三省总督赵尔巽奏准，修筑中街马路，拓宽商业街。马路筑成后，各家商店陆续修整，丝房、茶店、钱号、珠宝、照相、钟表、玩具等各种商铺开始涌入中街。街头店铺电线杆林立，招牌广告琳琅满目，路上行人摩肩接踵，中街成为整个东北的商品集中零售和批发交易场所，号称"东北第一街"。

据记载，除了店铺，中街有鱼行、铜行、木行、皮行等九行，及银市、鸟市、马市、灯市等十六市。

坊间流传，当时的中街有"五个最"：最大的百货商店——吉顺丝房，最大的钟表眼镜店——亨得利，最大的药房——天益堂，最著名的毛笔店——李堪章，最小的洋货店——同益成。

有许多百年老店从清末一直传承至今，如被商务部誉为"中华老字号"的萃华金店、亨得利钟表眼镜店、天益堂药房、吉顺丝房、中和福茶庄，还有那闻名遐迩的稻香村、光陆电影院、中街冰果店、老边饺子馆等。这些百年老店，撑起了沈阳甚至东北的繁华，不简要地述说一番它们的前世今生，对不起古老的中街。

天益堂药房于道光四年（1824）由山西太谷人武学畴创建，前店后厂，丸散膏汤均为自家配制，又有名中医坐堂问诊，几经变迁，如今依然"老当益壮"。

"好吃不如饺子"，沈阳最具历史和口碑的饺子馆，就是中街之上的老边饺子馆了，始创于道光八年（1829），为流落于沈阳的河南老汉边福所创建，因其独特的煸馅方式，至今依然是沈阳人津津乐道的美食。

萃华金店创立于光绪二十一年（1895），旗人关锡龄辟祖遗产办金店，聘行家为经理，请技艺精湛的"关里帮"为金银匠，极讲究质量与信誉，如今依然是沈阳人购买金银饰品的必去之地。

…………

民国初年，沈阳中街开始了新一轮的发展，古老的店铺，在维新的潮流中，开始接受新观念，引进西式经营理念，成为中国商业新思潮的引领者。亨得利钟表眼镜商店应运而生，浙江海宁人王光祖等人在沈阳中街开设了分店。从此，很多沈阳人的钟表和眼镜，都是在这家老字号购买和修配，这个传统一直延续到今天。

此时，平房门市开始退出历史舞台。一些商铺撤下门板，开始兴建二层、三层楼房门市，当中最牛的当数老天合和吉顺丝房。老天合丝房此时在中街已经是240余年的老店铺了，沈阳的旗人大户讲究穿戴，尤其喜欢绫罗绸缎和绣花制品，老天合的绸缎经常供不应求。可吉顺丝房后来者居上，成了中街丝绸和百货业的新"霸主"。老天合不服，拆掉旧门市，盖起了三层新式洋楼，商品琳琅满目，呢绒绸缎日用百货应有尽有。结果惹恼了吉顺丝房的老板林荟生，他不惜拆除旧楼，花巨资建起了史无前例的五层楼房，为中西合璧的巴洛克式建筑，里面居然设有电梯！

100年过去，这座大楼仍然是中街的代表性建筑。此事在当时轰动一时，开业那天，吉顺丝房火了，沈阳城万人空巷，齐聚中街。这里不仅卖丝绸，还卖衣服、日用百货，东北人以能来一次吉顺丝房而骄傲，它自然也成了沈阳的骄傲。一直到今天，纵然世间千变万化，但传奇就是传奇，虽然它现在归沈阳春天百货公司经营了，只要它还站在那里，自有一种精神在骨子里延续。

1927年，沈阳市政当局作出了拓宽中街的规划，拆除了钟楼和鼓楼。一些官僚和资本家从中嗅出了商机，抢占中街地皮，大兴土木，建造门市楼。没有机会建楼的商户，也抢先租楼，扩充自己的营业面积。一时间，书法名家的墨宝竞相登上各家商号的门额。每逢元宵佳节，各大商号为招徕顾客，办秧歌，搞灯会，放烟花，把元宵节闹得格外火热。

然而，1931年九一八事变之后，中街的民族商业发展势头戛然而止，日资和日式商业大量侵入中街，即便是红火的老字号，生意也黯淡下来。

沈阳解放后，中街旧貌变新颜，大多著名的老字号又恢复了生机，光陆电影院、中街冰点、李连贵大饼、马家烧麦等重放异彩，逛中街又成了沈阳人生活的重要组成部分。

随着时代的变迁，如今繁华的商业区中街，已经承载不下更多的资源，随着中街九龙港、皇城恒隆广场、大商新玛特、中粮大悦城等超大型商业企业入驻，沈阳故宫的东部、西部和北部全部被划

沈阳中街官局子胡同

綠波廊餐厅

沈阳中街恒隆夜景马路车流

入中街商业区。而中街步行街已分别延伸进了小西路和小东路，全长为1900米，为国内最长商业步行街。

　　古老的传统文化与繁荣的现代商业，牢牢地凝聚在中街，成为所有沈阳人的骄傲。

清太祖的万年吉地

——清福陵

　　清福陵，位于沈阳故宫东11公里，又称东陵，是清太祖努尔哈赤的陵墓。

　　整个陵园背倚天柱山，山形逶迤，众山俯伏，气势宏伟；面临浑河右岸，百水回环，浩荡宽广，风景优美。这种依山傍水的地势，有刚有柔，恰到好处。陵寝面积19.48万平方米，自南而北地势渐高，万松耸翠中，层楼朱壁，金瓦生辉，气势威严，幽静肃穆。正因为其独特的自然风光和深邃人文景观，被辟为东陵公园，面积拓展到557.3万平方米，成为近百年来沈阳人日常休闲、外地游客心驰神往的好去处。

　　和其他王朝不同，清人关前，努尔哈赤与皇太极均未于生前择定万年吉地，死后才由嗣皇帝为其选址营建陵园。福陵作为清朝的第一座帝陵，虽然典制未备、规模有限，但其带有女真传承和地方习俗的风格色彩，又秉承了明朝陵寝规制，其满汉融合的特征，在中国历代皇陵中独树一帜。

　　既然福陵是努尔哈赤的陵寝，自然要提及努尔哈赤之死。天命十一年（1626）正月，在辽河两岸所向披靡的努尔哈赤，亲率诸王贝勒13万大军，准备一鼓作气攻下山海关外明军的孤城宁远（今辽宁省兴城市）。然而事与愿违，努尔哈赤非但未能攻克宁远，反倒中炮负伤，不得不返回沈阳。输给无名小辈袁崇焕，努尔哈赤难解其

清福陵

郁，积愤成疾，加上背部受伤处痈疽复发，于当年八月十一驾崩。

最初，被逼生殉的大妃阿巴亥，与努尔哈赤暂葬于沈阳城内的西北角。为先汗选定"吉壤"，成为继任者皇太极的"大业"。有这样一个传说，皇太极一直未能给父汗找到称心如意的风水宝地，心中十分着急。一日，他狩猎途经天柱山，忽见山上紫云缭绕、佳气蒸腾，就起了登山之念，结果看到惊人一幕，一条长蛇与一只雉鸡正在嬉戏，他茅塞顿开，这不正是龙凤呈祥之意吗？

天柱山于长白山余脉末端，背倚辉山，主峰高耸，两侧山峰逐次低下，形成万山拱卫之状。山下是支流众多、水流充沛的浑河，形成了一种众水朝宗之象。这样典型的"前有沼，后有靠"，视野开阔的地势，不正是千载难逢的"龙脉"吗？于是，皇太极下令在天柱山下兴建了先汗陵寝。

天聪三年（1629），陵寝工程告竣，为方城宝顶形建筑，皇太极隆重地将努尔哈赤迁葬过来，称这里为"先汗陵"或"太祖陵"。崇德元年（1636），皇太极改后金为清，实行帝制时，将此定名为"福陵"，寓意大清江山福运长久。

福陵作为清朝第一座帝王陵寝，不断完善的营建时间长达百余载。崇德年间，陵寝规模虽定，尚属简陋，有明显的女真人简葬习俗。顺治年间，承袭中原古制，立石像生，神道两侧增设了卧驼、立马、坐狮、坐虎各一对。康熙年间、乾隆年间，又对福陵建筑进行大规模的修葺和翻新，才形成了如今的规模。

福陵建筑格局因山势形成前低后高之势，南北狭长，从南向北可划分为四部分：正红门外区、神道区、方城和宝城区。共有建筑群32组。正红门外区，东西两侧各设立一座石牌坊，为四柱三楼歇山式牌楼，梁枋、斗拱、檐橼、吻兽等均为青石雕刻。4根方形折边立柱均为出头柱子，顶端莲花覆露盘上各蹲一只吉祥神兽——望天狐。下面横插的云板上，东侧之柱刻有"日"，西侧之柱刻有"月"，意为福陵与日月同辉。也有人说，此意为日月永久分开，具有破大明一统江山的含义。两座石坊与沈阳故宫门外的文德坊、武功坊一样，禁止车马通过，文武人等均要步行，以示尊崇。

正红门是陵寝建筑的起点，为单檐歇山式仿林结构建筑。屋顶铺满黄琉璃瓦，正脊镶有二龙戏火焰珠纹，檐下为黄红两色琉璃，额枋上满布五彩双龙戏火焰珠纹和花卉纹饰。4个仿莲花的垂花柱头半镶嵌在红墙之内，分割出3个等量齐观的拱券式的门洞。正红门东西两翼各有一琉璃影壁，犹如衣服上向外伸展的两只袖子，故又称为"袖壁"。上面的图案为海水云龙图，龙首昂扬，龙须飘舞，龙口大张，龙爪有力。浮雕形态逼真，动感强烈，有一种呼之欲出的感觉。

进入正红门是一条通往祭殿——隆恩殿的石头甬道，笔直地向北延伸，这就是神道。神道长达566米，初入神道还很平缓，两侧有皇太极时立的4对石兽，并无其他开国皇帝常见的石人。过了桥之后，便是利用天然山势修筑的一百单八磴，斜坡约为45度，两侧为高1米的砖砌透孔扶手墙，墙顶覆有黄色琉璃瓦。108个台阶，排阶而上，寓意天罡三十六星和地煞七十二星数之和，表示天地宇宙，象征帝王对社稷的主宰。这在中国历代皇帝陵寝中是独一无二的。

拾级而上，一路移步换景，当一波三折登到开阔平整的台地，一座巍峨的建筑便挡在面前，这便是矗立在神道中央的碑楼。神道与方城隆恩殿之间，一定要修一座建筑，名曰"一眼望不断"，寓意大清江山万年不断。碑楼建筑在半米多高的须弥座台基之上，四面各开一单券拱门，为重檐歇山式，黄琉璃瓦顶，内立康熙帝用汉、满两种文字书写的"大清福陵神功圣德碑"。

碑楼后面是陵园的主体建筑——方城，为城堡式建筑。方城内

福陵春雪

的建筑，屋顶都铺有黄琉璃瓦，廊柱是朱红地仗，梁枋间都是和玺壁画。隆恩门建在方城的正南，所谓的门就是城墙上单体拱券门洞，上建三层歇山式的门楼建筑，有聚日、月、星三光永远光明之意。隆恩门楼面阔三间，进深七檩，建筑风格与沈阳故宫的凤凰楼极为相似，体现出封建帝王的"视死如生"的观念。

方城的四角各有一座角楼，城内北部正中是隆恩殿，为福陵的核心建筑，又称"大殿凌云"。隆恩殿坐落在须弥座式大台基上，是单檐歇山式建筑。台基前部为月台，周围环以雕刻精美的石栏杆。汉白玉的须弥座上，布满了蔓草、卷叶等雕饰，四角设有排水螭头。

隆恩殿作为举行大小祭祀的中心场所，定名为"隆恩"，取其祖宗功德深厚之意，大祭、小祭、特祭，以及皇帝亲临祭陵等，所有的祭典都要在这里举行。哪怕是清朝定鼎中原，已经日益汉化，全方位仿效明制汉俗，但在关外三陵，依然结合着本民族的风俗特征，形成了一整套完备的祭祀制度。

方城之北是月牙城，其形状犹如一弯新月，里面是一座空城，为方城与宝城之间的过渡，也是阴阳交会处，神道的终点、地宫的入口皆在此处。进入月牙城，四周城墙高大，感觉特别阴森和压抑，只有沿蹬道爬上宝顶，才豁然开朗。

宝城是一座接近四分之三圆形的城，又称"团城"。宝城的城墙，外有雉堞，内有女墙，马道的倾斜方向与方城正好相反，目的是保护地宫，防止积水。宝城的中间是高大的圆形土丘，便是坟丘，称作宝顶。宝顶高12米，自下而上斜长45米，周长198米，是用白灰、黄土、沙子混合而成的三合土堆筑成。除层层夯实外，还要进行5次盘踩，踩踏者均为10岁左右的童男，取其圣洁吉祥之意。踩踏时将糯米汤掺入三合土中，坟丘便会坚如磐石。

宝顶之下就是地宫，长眠着清太祖努尔哈赤，陪伴他的有皇太极的生母皇后孟古哲哲、大妃阿巴亥、庶妃纳音扎和阿济根。出于保密考虑，史料中极少提及福陵地宫内部情况。但有一点很清晰，根据建州女真的习俗，努尔哈赤为火葬，地宫内为骨殖罐，随葬品极少。这也是清关外三陵没被盗过的主要原因，简兴奢亡，古今同理。

福陵的周围，河流环绕，山冈拱卫，望去气势宏伟，景色幽雅，风景优胜。清人高士奇曾有诗云："回瞻苍霭合，俯瞰曲流通。地是排云上，天因列柱崇。"正是这里风光的具体写照。"天柱排青"也是著名的"沈阳八景"之一。

如今，东陵的风景区不再局限于天柱山，已经扩大进了浑河流域，其中风光最为优美的是福陵东侧的鸟岛。岛屿面积近50顷，像一条卧龙优美地躺在浑河之中。这里森林茂密，曲径通幽，既是鸟的天堂，也是人们观赏各种鸟类的中心。每逢节假日，这里游人如织，许多人驾车至此，以岛为家，支起了帐篷，全家安然地享受美好的夜晚。

中国陵寝建筑的精华

——清昭陵

中国古代皇帝选择陵寝，特别重视堪舆之术，基本上是远离城区，在"前有沼，后有靠"的佳山胜水之地选址。福陵的建造，也是遵循着这一基本原则。唯有清太宗皇太极的昭陵，反其道而行，居然临近沈阳古城平地起陵。

清昭陵俗称北陵，位于沈阳城北的中心地带，陵园辟为公园已近百年，北陵公园是沈阳市内最大的公园。公园占地面积16万平方米，是清初关外三陵中规模最大、气势最宏伟的一座，成为皇家陵寝和现代园林合一的游览胜地。园内古松参天，草木葱茏，湖水荡漾，楼殿威严，金瓦红墙，斑斓耀眼，充分显示出皇家陵园的雄伟、壮丽和现代园林的清雅、秀美。每日在湖畔与林间晨练与休闲的沈阳市民多达万人，各地游客更是络绎不绝，到沈阳去北陵已经成为外地人的习惯。

皇太极生前改国号，易族名，重用汉将，统一漠南蒙古，征服朝鲜，实行满汉一体，同时注重民生，减轻农民负担，一改后金的戾气，为满族人所拥戴。去世200余年后，其陵寝广为开放，依然福泽后人。从这个意义上讲，昭陵虽未依山傍河，依然不失为"风水宝地"。

同父亲努尔哈赤一样，皇太极生前并未替自己选择"吉壤"。崇德八年（1643）八月初九，皇太极忙碌了一整天，没有一丝不祥之兆，晚上在沈阳故宫的清宁宫突然去世，史书载"无疾，端坐而崩"，年仅五十二岁。事实与"无疾而终"相差甚远，据推测，皇太极有些肥胖，死因可能为突发性心脑血管疾病。

皇太极晚年，也想给自己找个风水宝地，却没有一处中意的。一天黄昏，他带领众贝勒到盛京北郊围猎，见一野兔狂奔而过，驱马搭箭，奋力追赶。不料，野兔转瞬间消失，他正纳闷儿，宝马怎会连野兔都追不上，忽听一阵聒噪之声，循声定睛一看，荒野之中的一座大土丘上落满了乌鸦。

乌鸦是满族的神鸟，被视为大吉之物。皇太极见此景，收箭入囊，自言自语道："吾朝受此物庇护，国泰民安，吾死后亦当如此。"说罢掉转马头，率众返回城中。十几年后，那座曾被他指点过的大土丘，便成了他的陵寝。

皇太极的后事处理，谨遵先祖旧制。遗体在第二天傍晚装棺入殓，梓宫安放在崇政殿后，诸位朝臣又哭临三日。昭陵也开始了紧急施工，九月二十一日第一期工程"山陵、宝城、宫殿"竣工，皇太极的梓宫从沈阳故宫移至新落成的陵殿内暂厝，并没有进行最后的火化安葬。

按清初满族的仪丧，等待坟墓建完才可出殡。顺治元年（1644）八月初九，皇太极逝世一周年之际，宝顶之下的地宫建成，陵寝的第二期工程完工。皇太极的梓宫在众人的护送下，放到焚椁之上，举行了隆重的火化仪式。在熊熊烈焰中，皇太极的遗体变成一抔白色骨灰。骨灰装入金宫（金色瓦罐）之中，行罢礼仪，移入地宫之中。

渔猎民族，时常居无定所，先祖去世，携着遗体骑马奔走实在不便，于是，女真人特别崇尚火葬，骨灰装入宝宫（瓦罐）之中，可以走遍天涯，等到有安身立命之处，再寻风水宝地入土为安。

清昭陵神韵

按照固有的习俗，焚化皇太极遗体的同时，御衣、马鞍及陈设等物一并焚化。这种仪式，在满族的习俗中称作"烧饭"。清入关后，直至康熙驾崩废止了火葬，才真正地承袭了汉族的丧葬礼仪，许多生前喜爱物品不再焚燔，而是随葬。与努尔哈赤的福陵一样，皇太极昭陵的地下宝宫之内也无奢侈之物，这也是昭陵至今保存完好的原因之一。

直至顺治八年，昭陵才基本建成，后历经多次改建和增修而呈现现在的规模。昭陵与福陵建筑形制说是大体相同，但就其建筑规模、艺术水准来讲，远在福陵之上。昭陵楼阁高耸，殿堂峥嵘，松柏葱郁，规模壮丽，不仅吸取了前代明陵的建筑长处，继承了中国古代传统的建筑优点，又汇聚了满族陵寝的特点，一定程度上体现了清入关前满族建筑艺术的演进状态。

实际上，昭陵原有面积比现在大许多倍，据《奉天昭陵图谱》记载，昭陵东起大东区的二台子，西至于洪区的小韩屯，北起环城高速的三台子，南至和平区的南湖保安寺遗址。如今这些区域均成了沈阳的主城区，昭陵仅局限于红墙之内。

和福陵一样，昭陵的陵寝建筑的平面布局，同样遵循着前朝后寝的原则，自南向北由前、中、后三个部分组成，其主体建筑都建在中轴线上，两侧对称排列。

从下马碑到正红门之间，是昭陵的前部，也就是陵前部分，现以公园为主体。进入昭陵的正门，漫长的神道两侧有华表、石狮、更衣亭、宰牲厅等，如今这里成了北陵大街的最北端。路的两侧拥有30万平方米的湖面，是引新开河（运河）之水形成的人工湖，弥补昭陵无水的缺憾。

如今，人工湖成了北陵公园人气最旺的游览区。初春鲜花盛开，满园飘香；盛夏碧波荡漾，荷花映日；深秋红黄绿树叶相互将帅，五彩缤纷；寒冬银装素裹，白雪红墙碧瓦苍松，分外妖娆。岸上柳堤成荫，与湖心岛相映成趣，曲径通幽，一步一景，观光游玩，趣味盎然，清园、荷花湖、惜春亭、情人岛，总能让人浮想联翩。这里既有皇家园林的气势，又有奇花异石、小桥流水的江南园林之秀，中国传统园林建筑艺术将自然美和人工美合为一体，构成了一幅天然画卷，吸引大量的中外游客来此参观。

最令人称奇的是漫漫数里的古松群。现存古松2000余株，松龄达300多年，摇曳挺拔，参天蔽日。这些苍翠的陵松在金瓦红墙中构成昭陵又一壮丽景观，其中的"神树""凤凰树""夫妻树""姐妹树""龟树"等更是别具特色。

走过路两边顶端蹲着石犼的华表柱，跨过三孔神桥，迎面是座石坊牌楼。牌楼是前部主体建筑，系青石建成，四柱三层，雕刻得玲珑剔透，精美的程度超过了福陵的出头柱，为罕见的艺术珍品。

走过牌楼，迎面就是正红门。正红门是陵寝的正门，这里是前部与中部的"分水岭"，既是前部的结束，又是中部的开始，为单檐歇山式仿木结构建筑，两翼为五色琉璃蟠龙壁。其建筑风格与规格，与福陵大体相同。

正红门之内是神道，走进去，便真正来到了陵寝。神道用长条石板铺就，两侧依次排列着石雕华表一对、石头兽六对、大望柱一对。石兽与福陵略有不同，依次是坐狮、坐獬豸、坐麒麟、立马、卧骆驼、立象各一对，这些石兽统称"石像生"，象征着"十二御林军"，日夜拱卫着地下皇城的安全。

石像群北面的神道正中，有碑楼一座，与福陵一样，为方形重檐歇山式，四面各开设一个拱门。碑楼是康熙二十七年（1688）玄烨东巡时修建的，龟趺石座上立有"大清昭陵神功圣德碑"，碑文为康熙皇帝御笔亲撰。碑楼后两侧有朝房，用于存放仪仗、备制膳食

清昭陵的寝陵正门牌楼

果品。

碑亭之北是方城，方城正门曰"隆恩门"，门额两侧有琉璃龙雕，造型生动，两侧有配殿和配楼。穿过隆恩门，便是隆恩殿，俗称"五凤楼"，与福陵一样，是座三檐歇山式建筑。隆恩殿是昭陵的正殿，居于方城正中偏北，前有隆恩门，后有明楼，左右有配殿，四隅有角楼，犹如众星拱月一般，故显得异常雄伟。据说三层楼上，设有金链4条，名叫"江山万代"，民国年间被人取下。

隆恩殿后有二柱门和石祭台，再后是券门，券门顶端是大明楼，步入券门是月牙城，月牙城正面有琉璃影壁，两侧有"蹬道"，可蹬上方城的城墙。方城上的四个楼，均为二层歇山式建筑，沿着上面的马道环绕而行，方城内的景况便可一览无余。

昭陵的最后一部分在明楼的北面，那里的月牙城与宝城相连，宝城中间突起的坟堆，便是宝顶。宝顶高2丈，周长33丈，几乎堆满了宝城。宝顶之内是地宫，地宫中长眠着皇太极以及孝端文皇后博尔济吉特氏。

宝城之后是人工异地取土堆成的陵山，名叫"隆业山"，又名"靠山"，以寓帝业兴隆之意。陵前人工湖，陵后人工山，解决了皇太极平地起陵的大问题。如今陵山已经成为茂密的树林，改善了城市的空气质量，为沈阳人提供了大量的负氧离子。

300多年过去，昭陵也留下了许多未解之谜。其一，地宫之谜。皇太极建立的清朝，吸纳了很多汉制，地宫之内真的只有一个骨灰坛子吗？因为不能发掘，疑问只能延续下去。其二是人像之谜。"神功圣德碑"的背面有一个很奇特的现象，每当阴雨天气，上面会隐隐约约显现出人的形状，其形好似一身材修颀、容貌俏丽、身着宽衣大袍、飘逸如仙的宫女。人像是怎样印上去的，至今无人解答。其三是灵芝之谜。道光祭陵时，本来把隆恩殿打扫得特别干净。皇帝行大飨礼时，忽然看见月台东南角长着几棵杂草，心中大为不悦，侍卫将草拔下，发现是3棵灵芝草。方城之内，没有灵芝的生长环境，3棵灵芝是怎么来的？还有护陵兽为什么上了铁锁？宝顶之上为什么长着榆树？

不管留下多少疑问，但有一点毫无疑问，堪称中国古代建筑精华的昭陵，是多民族文化交流的典范。

为中华之崛起而读书

——银冈书院

山不在高，有仙则名，水不在深，有龙则灵。银冈书院有了周恩来，陡然增色。

2023年立秋日，我乘车来到铁岭市内，又一次来到银冈书院。从博物馆站下车，眺望过去，瓦青色的围墙上空，苍翠摇曳的枝叶之间隐现着古建筑的屋脊，古朴幽静之中蕴藏一丝神秘。耳顺之年的我，独自一人，顶着白发皓首，径直走过去，旧地重游。入门口处，我遇到了一群系着红领巾的孩子，他们的欢声笑语，把我吸引回了童年。于是，我不由自主地成了他们的"跟屁虫"。

银冈书院始建于顺治十五年（1658），是流人郝浴自建的居室和讲学授课之所，清代著名的五大书院之一，可以与我国历史上久负盛名的嵩阳、岳麓、白鹿洞、石鼓四大书院相媲美。书院的正门又称广亮门，两扇朱漆大门规则地嵌满银色乳头钉，大门两侧，各有门房一间。隔着道路，书院的正对面，是磨砖对缝的影壁墙，上有枋柱屋顶，下有须弥座，素面当心浮雕"银冈书院"4个金色大字。现在的银冈书院，东西各辟两院。东院为银园，也就是带有长廊的花园，供人休憩。西院为银冈学堂，亦是铁岭市周恩来少年读书旧址纪念馆。

在我的记忆中，银冈书院应该很老旧，房脊的瓦、墙壁上的砖都已饱经沧桑，有茅草在房脊上左右摇摆。这次来参观，一把门锁

银冈书院

将我拒之门外。银冈书院的老建筑正在维修，映入眼帘的皆为崭新的气象，忽然生出一种不认识的陌生感，好在是保持原貌的修旧如旧。

维修并不意味着闭馆，入口改在了西院，参观的人络绎不绝。因为是免费参观，需要实名登记，参观者皆为铁岭市内人，唯有我一人是远道而来。不过，也有一群人未经登记，鱼贯而入，他们是铁岭某校组织的夏令营，学生们穿着统一的校服，戴着统一的遮阳帽，在老师的引导下，列着整齐的队伍。

我放下签字的笔，老夫聊发少年狂，尾随入内，想蹭一蹭讲解。让人意外的是，讲解员和我一样，站在一旁，居然也成了看客。夏令营筹备得很周密，解说词同学们都曾温习过，他们轮流登场，在不同的展室，讲解着不同的内容，讲解员只是偶尔补充几句。

有的孩子讲周恩来的家世，讲12岁的周恩来怎么长途跋涉两个月，从淮安千里迢迢来到铁岭，北上求学，投奔伯父周贻赓。有的孩子讲周恩来到银冈小学堂怎么接受进步思想熏陶，刻苦学习新文化知识。有的孩子讲周恩来登龙首山感受祖国大好河山，下乡村接触社会，体察劳动人民的疾苦。还有的孩子讲周恩来怎样成为一位伟大的无产阶级革命家。

孩子们的讲解有板有眼，显然，他们不仅仅是参观，而是带着"课题"来的，这是一次爱国主义的校外互动课堂。孩子们结束了参观，我这条甩不掉的"尾巴"终于派上了用场。他们来到了院中央，站在白色花岗岩的周恩来雕像前，准备合影留念，我作为唯一的局外人，最适合端起照相机。

拍集体照之后，他们便进入了银冈小学堂的教室，真正开始上课了，也把我这条"尾巴"挡在了外边。在朗朗的读书声中，我从角门走进了最早的银冈书院，也就是郝公祠的院内。因为维修，院内所有的屋舍均由铁将军守门，好在我有许多从前的记忆。

这是一个典型的北方四合套院，上屋正房3间为银冈讲堂，门外有碑两座，东侧为《银冈书院捐添经费建修斋房记》，其碑阴为《书院所添书籍》。这是我国罕有的古代石刻图书目录，被载入国家图书馆馆史，实为稀世珍品。西侧为《银冈书院资产碑记》，字迹清晰，少有风雨侵蚀痕迹，显然是仿效清光绪十六年（1890）的原件。

院内的厢房是东、西两斋房，各为3间。西斋房现为藏书室兼办公室，收藏郝浴与后来邑绅官员捐献及新添图书典籍数千册。东斋房书院学堂，南北各有一铺火炕，炕上各摆两张书桌，两炕之间靠东的墙壁，摆放古书橱一对，橱门木心板上刻有楹联"晨登讲席歌尧舜，千山翠色落银冈；诗传画意王摩诘，船载书声米舍人"。另外屋中有地八仙桌、太师椅一组，是先生授课的座位。周恩来在书院读书时，即曾在此研习古文、书法。

银冈讲堂的后面，则是二进院套，这便是郝公祠，也是当年郝浴讲学与生活起居之地，房檐下悬有郝浴自题草书"致知格物之堂"匾额。"致知格物"是郝浴的座右铭，也是他的办学宗旨，传承着明代王阳明的心学思想。郝浴于清顺治六年中进士，两年后升任湖广道御史，并委以钦差大臣重任巡按四川。因先后两次得罪吴三桂，清顺治十一年"部议当坐死，上命宥之，流徙奉天"。从此，郝浴流寓于沈阳、铁岭，度过了漫长的22年流人生活。

铁岭是清代三大流放地之一，天聪七年（1633）清军还未入关，就开始向铁岭流放犯人。清顺治年间，曾有500多人被流放到这里，其中不乏当时著名的学者、诗人、画家等。顺治十四年，盛京大赦，郝浴虽然获得了自由，却很有限，只能选择盛京境内安家，不得返回故里。实际上，他流人的身份并未有根本性的改变。

其父闻之大喜，筹集银两派人送来，助其在铁岭修建宅院。郝浴在"南门内之右"选中一片"风水宝地",成为努尔哈赤攻陷铁岭后第一批入住铁岭城的居民。郝浴自记:"戊戌五月下岭,卜居于南门之右,方十许亩,中为书室三间,前有圃种蔬,后有园种花,左壁吾卧室也。右壁一带,皆吾友连屋而居也。"

郝浴以他高深的学识,在家设帐办学,"昌明理学,启迪后贤",培养生徒,普及文化,"开本邑教育之先"。自此,铁岭不再是蛮荒之地。流人大都有很深的文化修养,郝浴的住所,自然就成了他们相互交流的场所,这里随之形成了独特的"流人文化"。

银冈书院"致知格物"的思想,影响了一代又一代人,重塑了辽东文化。接替郝浴办学的董国祥对学生解释说:"知者,心之灵也。致者,推而极之以求蔽也。……天下、国家、身、心、意皆物也,诚正修齐以至治平即格物也。"

郝浴在此讲学18载,至康熙十四年(1675)复职还朝,留所居宅院为书院,并命名为银冈书院。斯人已去,但郝浴建书院时栽下的一株老榆树,犹如一位饱经沧桑的老者,日夜俯瞰着书院,年年抛撒榆钱儿,记录书院教化育人的功绩。

300多年来,铁岭文人墨客与银冈书院多有交集,或少年时在此读书,成人后在此教书,或到访书院,在书院里吟诗作赋,雅集清谈。他们留下的诗集著述,记录了当时辽北的社会历史、民俗风情,具有许多细节,堪称第一手资料,弥足珍贵,有"一座银冈书院,半部铁岭文学史"之说。

除接受革命思想启蒙的周恩来,参加了十月革命的任辅臣、为国捐躯的邓士仁、抗日殉国的刘国安、血染雨花台的石璞等都曾在此就读,银冈书院也有"革命志士摇篮"之美誉。左联和东北作家群的代表人物端木蕻良,也曾受过银冈书院的熏陶。

我从历史的遐想中走出,来到了东院,这是古园林建筑,称作银园。这时，银冈小学堂里朗朗的读书声已经停下，小提琴演奏《我爱你中国》的声音悠扬地传来。在音乐的伴奏下，我来到了莲池，池中有周恩来生前最喜欢的马蹄莲花，有无数赤橙色、墨青色鲤鱼绕莲游戏。池上有单拱花栏小桥，可通东西。莲池之北，便是被称为"隐然卧龙"的"银冈"。现在随形就势修成假山，沿山脊修成4个亭台画阁，由曲廊相连。廊枋上有名人书法、园林景观和历史典故彩绘。

我正在欣赏镌刻在汉白玉上的周总理的名句"为中华之崛起而读书"，下课铃声响起，孩子们呼喊着涌出教室，向着银园奔跑而来。此时，莲池中正在喷发人工云雾，孩子们奔跑进花栏小桥，与莲花荷叶融为一体，似梦似幻，犹如仙境。

暗无天日的牢笼

——旅顺日俄监狱

    写旅顺日俄监狱旧址，就像结痂的伤疤又被撕扯开，那儿的疼痛，让人无法消解。我们的国土上，设有别国的监狱，而且还曾"隶属"过两个国家，这种耻辱，噬咬着我们每一个人的心灵。

    撕心裂肺的疼，不仅仅来自多次参观旅顺日俄监狱旧址，还有阅读。素素著有长篇散文《旅顺口往事》，作品中的文字虽是娓娓道来，却用厚重的国际历史环境剖析、大量的史料和细节，增添读者心中无尽的国耻感。读了作品再去参观，仿佛时光倒流，自己也成了安重根、刘逢川等人的狱友，忍受着侵略者的欺压。

    提起旅顺日俄监狱，甲午战争大清战败是绕不过去的话题。1895年签订《马关条约》，日本割占中国的辽东半岛，觊觎东北已久的沙俄，立即联合法、德，三国干涉还辽。清政府被迫拿出3000万两白银"赎辽费"，换来日军撤离。然而，金钱买不来和平，前门拒狼，后门进虎，沙俄迅速强迫清政府给予租借军港、修路开矿等特权，扩张在中国东北的侵略势力。辽东半岛非但没有赎回，反倒被沙俄侵占，清政府落得个鸡飞蛋打。

    旅顺日俄监狱旧址位于大连市旅顺口区元宝坊。1902年，旅顺口已经被沙俄建设成俨然如欧式的城市，如此大规模修建，哪里是租借？分明是侵占。沙俄在旅顺口经营了7年，"国家机器"只差没有完整的监狱，于是，监狱就在这一年开始修建。当时旅顺口的百姓称其为大狱，从侧面证明，没有一个"大狱"根本装不下反抗其统治的中国人。

大狱是个半截子工程，沙俄只建好了办公楼和85间牢房。日本"忍痛割爱"了将近10年，经过精心准备，发动起了日俄战争。紧急状态下，沙俄要塞司令部只好临时将此改为马队兵营和野战医院。

1905年，日俄战争结束，日本打败俄国，以胜利者的姿态占领了属于中国的辽东半岛。大狱也成了日军的"战利品"。形势安稳下来之后，日本人急不可待地设置监狱，按照俄国人原有的图纸继续施工，把监狱建成了"大"字形，扩张到了253间牢房。之后，他们又增建了4间暗牢和18间病牢。

1907年，日本人完成了扩建，俄国人设计监狱时，以"大"字交叉处为中心点，考虑的是便于监管。而日本人极大地发挥"大"字，是出于狭长岛国强烈的民族自尊心，如自诩为"大日本帝国"，自称为大和民族。

尽管日本人继续使用俄国人设计的图纸，建筑色彩上却极力地去俄国化。俄国建的监狱是黑顶灰墙，而日本人却喜欢鲜亮，新建的监狱是灰顶红墙。两种颜色虽然别扭地交织在一起，但推行殖民统治、镇压中国人民的反抗却是一致的。

整座大狱竣工后，可以囚禁2000余人。牢房分为两层，每层分列左右两排。在走廊地面中间安装铁箅子，除供给看守监视外，还可以透光和便于上下空气流通。总看守台依然在"大"字的交叉点，这样左中右三面牢房没有死角，全在看守的视野之内。

监狱围墙内，还有检身室、刑讯室、绞刑室和15座工厂。监狱围墙外，有强迫被关押者服苦役的窑场、林场、果园、菜地等。总占地面积2.6万平方米。许多中国、朝鲜、俄罗斯人，还有反战的日本进步人士、美国飞行员等曾被囚禁、被迫服苦役，甚至被屠杀于此，连远在非洲的埃及人都未能幸免。据1936年日本《刑务要览》记载，仅这一年，监狱劳动榨取的利润就高达8.6万日元。当时的8.6万日元，可以购买4万袋面粉。

长达40年的殖民统治时间，日本人先后将此监狱称作关东都督府监狱署、关东厅监狱、关东刑务所和旅顺刑务所。1945年8月，苏联红军进驻旅顺，监狱解体前，日本人一边举手投降，一边销毁恶魔般残害各国人民的罪证。所以，日本人究竟在大狱中关了多少无辜人士，杀害了多少仁人志士，已经成了永久之谜。

1971年7月，监狱旧址修复时，在大狱门前挖出许多日本埋藏的"犯人"的号牌，还有烧毁的档案纸灰。于是，作为博物馆向社会开放的日俄监狱旧址，又有了特殊的遗存：纸灰档案。曾经的血和泪、残酷与暴虐，都藏在了这纸灰里。

接待外省作家来访也好，组织本省作家参观也罢，每一次来到旅顺日俄监狱旧址，我都会感到不寒而栗，眼前都会浮现出带血的囚衣、惨无人道的酷刑，还有令人恐怖的绞刑架。被关进监狱的人，无非是所谓的政治犯、经济犯、思想犯、反满抗日犯之类，均和反抗日本侵略者有关。

沿着黑暗的甬道走去，透过门上的铁丝网，可以看见囚室内部。每间囚室长约5.6米，宽只有2.7米，整个面积只有15平方米的牢房里，要关押8至10名犯人。在每间牢房的墙壁上，还贴有一张中、韩、日三国文字的狱规。狱规共有11条，包括不准说话、不准对面、不准倚墙、不准向外张望和走动等。一旦违反狱规，就要遭受看守毒打。在监狱二楼的行刑室，布满了吊杠、虎凳等刑具。行刑时，受刑者被剥光衣服，俯卧在"火"字形的虎凳上，四肢被皮带勒紧，看守使用灌满了铅条的竹条抽打，这叫"笞刑"。

旅顺日俄监狱旧址

被关押者，大多穿着上下一色的红布衣，日本人认为表现不错的，才可以穿上蓝布衣。狱内设有检身室，不分春夏秋冬，每天早晨，都要在这里脱光衣服，跨过一根木杠，然后面对看守，张开嘴，被搜完身，才可以穿上囚衣去工场做劳役，这叫"过杠"。

"囚犯"伙食极差，即使是进行高强度的体力劳动，吃的是发霉的高粱米，给得也极少，顶多再加上点盐水青菜。只有日本犯人才有可能吃到大米饭。因而这里的囚犯个个营养不良，身体消瘦，有些人顶不住了，患上了严重的肺结核等疾病，抬到医务室，只是形式上的治疗。有些患龋齿、痔疮等病的人，不打麻药，硬性手术，结果非但没治愈，有人还因此丢掉了性命。

监狱卫生极差，加上尸臭味驱之不散，成群的苍蝇、蚊虫从铁窗的缝隙钻进来，加剧了疾病的传染。乌鸦闻到死亡的气息，成群结队落在监狱的屋顶，呀呀怪叫，企盼着能分享到尸体。医务室和病牢，变相地成了太平间，进去的人多，出来的人少。

本来这些证据都已消失，监狱中有位叫谷贺初一的日本医师，写回忆录时有些良知，才还原出一段历史，揭开了历史真相。距监狱300米的后山，有很大一片墓地，凡狱中绞死的、病死的、打死的、饿死的，都葬于此处。开始的时候，有的尸体被装进木桶中下葬；后来木桶不够用，干脆把尸体扔进沟里，草草地埋葬；再后来，把陈旧的白骨挖出来扔掉，再埋进新尸体。最后，500米长的深沟全都填满，许多没有腐烂透的尸骨经风吹雨打露了出来，招来了狗刨猫拽乌鸦啄，招来漫天苍蝇，滋生满地蛆虫。

谷贺初一只在监狱里任职一年，就见到了如此多的屠杀与死亡。而整整40年，年年如此，哪怕日本宣布无条件投降，都没阻止住他们的屠杀。杀戮已经让他们麻木了，生命的消失仿佛如扔掉残羹剩饭般轻易。

我最不愿意去的是监狱之外的东北角，那里的一幢二层红砖小楼，虽然其貌不扬，却是个秘密的杀人场。监狱里的人不知道那栋楼是做什么用的，被囚禁的人一旦知道了它的用途，生命便走到了尽头。楼的二层是绞刑架，架子的下方是块活动的木板，实施绞刑时，将被执行者的头上罩上面罩，绳索套在脖子上，行刑者只要放下活动的木板，被执行者便会悬空到一楼。下面的人则负责验尸、埋葬。

朝鲜著名爱国义士安重根就是在这里被绞死的。日本害怕人们祭奠他会引发抗日热潮，拒绝国际上将安重根安葬在哈尔滨或者朝鲜的呼声，将其尸骨葬于后山的万人坑内，至今难以查找其遗骸。对安重根的肃然起敬，起源于我尊敬的兄长阿成先生的小说《安重根击毙伊藤博文》，作品以从容冷静的笔调，以旁观者的视角娓娓道来，最终让安重根的形象呼之欲出。

伊藤博文是让清政府签下《马关条约》的日本首相，也同样逼迫韩国光武皇帝签下丧权辱国的《乙巳保护条约》和《保护政治条约》，事实上罢黜了韩国皇帝，解散了韩国军队，他亲任第一任韩国统监，成为韩国的实际控制者。至此，整个朝鲜变成了人间地狱，各地义兵揭竿而起，热血青年安重根便是其中之一。安家是朝鲜有名的望族，安重根原本是一身书卷气温文尔雅的青年，国难让他流亡到俄国，找到志同道合者，截断无名指，在太极旗上写下：大韩独立。

阿成的小说，基本上是纪实的，貌似漫不经心的叙述，读罢品味，却是环环相扣。阿成笔下1909年10月的哈尔滨，是充满异国情调的都市，更是日俄秘谋瓜分中国东北的场所。这也是伊藤博文从旅顺到哈尔滨之行的目的，准备与俄国财政大臣修订《日俄密约》。

笔锋突然一转，早晨7点，身穿黑色西服的安重根，携带着与生俱来的贵族傲气和绅士派头，成功地躲过警察们警惕的目光，走进哈尔滨火车站的月台，顺其自然地融入欢迎伊藤博文的人群。当伊藤博文走到离安重根约有10步远的地方，安重根优雅地从衣兜里掏出布拉乌宁式手枪，连发3枪。

事成之后，安重根没有趁乱逃走，而是原地站立不动，从容地问抓他的人："他死了吗？"

安静的贵族之气，是我最敬仰安重根之处，他能从容地击毙伊藤博文，又能镇静地面对死亡。虽然他震惊了全球，他却认为这并不是他的个人行为，伊藤博文是东洋的和平秩序的破坏者，人人得而诛之。

临上绞刑架前，安重根留下遗嘱仍然呼吁和平，要求日本归还中国旅顺，设立中、日、朝东洋和平会议，发行流通三国的统一货币，共同发展工商经济。尽管安重根的生命是短暂的，可他的远见至今仍值得人们铭记。

事实上，反抗日本侵略更多的是无名英雄，监狱中每一位遇难者，都是一部抗日史书。比如大连纵火案。九一八事变后，在国际特工支持下的中国青年，在大连的日本粮库、油库、武器库、化工厂、码头等地频频纵火。日军档案记载，从1935年到1940年间，这支特工队伍共纵火57次，给日军造成3000万日元的损失，足够日本关东军两个师团一年的军费开支。

参加这场特殊战斗的中国青年多达50多人，日本人称其为放火团。若不是日本人在哈尔滨破获了北满国际情报组，有人供出了大连放火团，这个秘密或许永远无人知晓。被捕的50多人中，1941年被"关东州法院"审判送上绞刑架的只有30多人，其余的人都在不到一年时间的折磨中相继离世。至于放火团如何延时放火，如何能

旅顺日俄监狱旧址内景

躲过日本人的严格管控，以及他们大多数人的姓名，都随着日军投降时故意烧毁的档案，荡然无存了。

关东州"后院起火"，不仅让日本人称其统治为"无缝地带"的神话破灭，日军精心储藏的给养和装备大量损耗，让他们在第二次世界大战中深陷在中国战场。从这个角度上讲，我们也应该给这些无名英雄立碑。

俱往矣，可往事并不如烟，旅顺口日俄监狱旧址的存在，就是激励我们知耻而后勇的历史遗存。

日军大屠杀的铁证

——旅顺万忠墓

　　这本书中，我最害怕写旅顺口的万忠墓，与写旅顺口的日俄监狱一样，让我的心总是隐隐作痛。尽管那场大屠杀过去了快130年，尽管我不可能是亲历者，但烙在民族身上的痛，和烙在我身上的痛，有区别吗？当然，我的痛，也有别人传导的，那就是素素的《旅顺口往事》，她对甲午战争总是耿耿于怀，认为北洋水师覆灭，旅顺口丧失，大清才真正万劫不复，中华民族开始陷入灾难的深渊。

　　1894年秋天，当清军丢弃了应该坚守的炮台时，屠杀这一时刻便已经来临了。没有遭遇到有效抵抗的日军，在入城之后嗜杀成性，挥刀乱砍，旅顺口顿时尸横遍野，血流成河，上至八旬老妪，下至怀中婴儿，2万同胞无人幸免。

　　发生在旅顺口的大屠杀比南京大屠杀早了30多年，却被日本人严严实实地掩盖了，即使面对着尸骨如山，他们依然否定。日本人既然敢瞪着眼睛公然否认国际社会公认的南京大屠杀，遮掩旅顺口的大屠杀，更是不足为怪了。不肯反省历史，不为罪恶道歉，礼貌的外表遮掩不住野心与好战，他们时刻不忘复活独霸亚洲的"辉煌"。否认大屠杀，那是必然结果。

　　甲午屠杀之前，旅顺口是一座非常欧化的小城，洋务运动不仅让旅顺口成为清朝最大的军港，也是北洋海军的大本营。旅顺军港前是海军公所和道台衙门两座中式建筑，雕梁画栋，飞檐翘角，雄伟不凡。后面的三道长街是李鸿章下令开发的，鳞次栉比的洋房排布其间，遍布着各色商铺、银号，当然也有烟馆和妓院。

然而，旅顺口所有的繁荣，在1894年11月21日戛然而止。清军撤离后，日军进城，大屠杀就开始了，至11月25日白天，四天四夜每天都有惨烈的屠杀。移民日本的宗泽亚著有一部《清日战争》，他在中日两国和世界各地收集了大量资料，作了客观的描述：

> 第二军司令官大山岩，在旅顺虐杀事件发生时没有传出限制的命令，以致虐杀持续到24日才传出有限制止的命令。事实上，屠杀行为延续到26日，此时旅顺口已经无人可杀，暴行自然终止。

旅顺口没有死的中国人不是侥幸逃生，活下来的36人得到免死牌的原因是留下来当抬尸队。为避开外国记者的眼睛，日军屠杀完人，立刻就地掩埋，再焚尸灭迹。尽管随后的两个月寒冬来临，但尸体的臭味依然无法封冻住。抬尸队在埋完人之后，每天不断地把之前潦草埋下的尸体挖出，再集中到焚烧点焚化尸体。于是，整个旅顺口又成了一座露天焚尸炉。

素素在《旅顺口往事》中引用了旅大地方史志专家孙玉田老人的走访与调查，经向当年抬尸者取证，得出旅顺大屠杀实际死亡人数：

> 除家人领尸择地安葬者千余外，被焚尸体实有18300余，骨灰以柳木棺三口盛之，丛葬于白玉山东麓。

事实上，除了埋葬在万忠墓的遇难者，金州城外也有1200余遇难者被焚烧丛葬。他们是从旅顺口沿半岛西海岸逃出来的难民，半路被日军截杀，最终还是未能逃过厄运。因此，1948年《重修万忠墓碑文》称，我同胞之死难者凡2万余人，最接近历史事实。

烧杀抢掠与奸淫，是日军的一系列惯用做法，为掩人耳目，他们居然在白玉山东麓的丛葬墓前立上木牌，厚颜无耻地写上：清军将士阵亡之墓。既然屠杀都否认了，更不可能承认抢劫了。幸好《泰晤士报》的记者柯文是位目击者，他写了大量的现场报道，揭露日军杀俘、屠城、抢掠的行为。其中对抢劫的描写为：

> 市内所有建筑都遭到了彻底洗劫，所有的门都敞开着，连箱柜的角落都不放过，稍有价值的东西都被掠夺……

城中的人被屠杀光了，房屋和建筑全被焚毁，旅顺口已经成了地狱。抢劫不过是"小事一桩"了，日军也要否认。死人不能出来做证，柯文也不是中国人的朋友，他肯揭露，只是出于记者的良心，日本人的无耻引发了他的愤怒而已。

纸终究是包不住火的，除了大量外国记者的报道，旅顺口屠城的日军也留下了大量的从军日记，如小野次郎等写下了屠杀妇女儿童时的"快乐"。也有屠杀成瘾者，杀完手无寸铁的百姓，再无人可杀时，屠刀居然举向了自己的同伴，最终被关进了精神病院。

这种灭绝人性的反人类行为，其实一直是得到日本明治天皇的默许的。后来把满蒙称作"生命线"的日本，早把辽东半岛视为自己的本土，只有毁灭性地屠杀，旅顺口才能永远没有中国人的痕迹，没有中国文化的影子，成为日本领土就"名正言顺"了。

三国干涉还辽后，日本捞到了天量的赎辽费，没有资格再赖下不走了。1896年，接收旅顺口的北洋官员修补道台顾元勋，拔掉了

"清军将士阵亡之墓"的木牌子，在甲午两周年祭时，主持建立了甲午中日战争遇难同胞墓，并亲书"万忠墓"刻在一块石碑上，还在墓前建了一座中国式的享殿，以供香火。自此以后，官民年年祭祀不衰。

1904年，日军卷土重来，打败了强租旅顺口的俄军，发现墓前的木牌不见了，取而代之的是万忠墓石碑，于是派人连夜将其盗走，先是弃于旅顺医院，后又砌入大墙里。他们本想在此修建果园，彻底毁掉墓地，没等实施，见清明节时上坟者人山人海，没敢轻举妄动。

1922年，旅顺商民自动发起重修万忠墓的募捐活动，清除杂草，重覆新土，给墓园砌起围墙、铺设石阶，重新立起一块碑，上书"万忠墓碑"。此为万忠墓第二块石碑。九一八事变后，日本殖民当局再次企图毁坟灭迹，欲把万忠墓迁出市内。旅顺商会会长潘修海仗义执言、据理力争，逼得日本殖民当局只好让步。

1945年日本投降后，旅顺市政府募捐240万元苏币，关东公署又拨款300万元，苏军还拨出了军事用地，扩大墓地规模，重修万忠墓并立石碑。此为万忠墓第三块石碑。这次重修，3楹享殿更换了新瓦，还在正门上方悬挂横额，上书"永矢不忘"。

甲午中日战争百年祭时，旅顺口区政府再次重修万忠墓。旅顺万忠墓纪念馆位于风景秀丽的旅顺白玉山北麓，墓园内苍松翠柏陪衬，显得格外庄严肃穆。墓园面积达9200平方米，建有一座1000平方米祭祀广场和一座百年纪念碑，墓前重修了3间硬山式砖砌享殿。纪念馆展馆面积2200平方米，展出内容分图片、实物、资料和陵园四大部分。清明节时，旅顺口区举行了殉难同胞遗骨重新安葬仪式。

2014年7月25日，万忠墓正式改名为旅顺大屠杀遇难同胞纪念馆，基本陈列内容包括甲午战争前的旅顺口、甲午战争与旅顺口的陷落、震惊中外的旅顺惨案、旅顺万忠墓四部分。在新建的陈列馆内，各种展品触目惊心：粘着人骨的铁条、薄薄的幼儿头骨、沾满骨灰的玉镯……这些属于老人和孩子的实物，就是日军当年惨无人道大屠杀的铁证，时刻提醒着人们牢记历史、勿忘国耻。

独展百年关东风情

——沈阳北市场

一座北市场，百年风俗画。

1920年，还没有北市场这个名称，沈阳只局限在"外圆内方"的城墙里，出了小西边门，就是望不到边的菜园子。可是，那时的沈阳城不再是孤独的一座城了，城外又有了城，那就是以奉天驿火车站（今沈阳站）为中心的"满铁"。"满铁"是日本满洲铁路株式会社的简称。虽是简称，却不简单，铁路线成了"国境线"，火车站两侧3公里之内，皆是"满铁"的势力范围，"满铁"成了日本入侵中国的急前锋。

国中有国，日本人的经济侵略无孔不入，"满铁"势力范围交界线的南市场，就这样应运而生，成了倾销日本商品的集散地。中街的商业圈，大多是有消费能力的群体，普通百姓则被吸引到了南市场，这样下去，民族工商业就被毁了。

把沈阳古城和奉天驿联结在一起，是大势所趋，奉系军阀心中不服，沈阳不能成了日本人的，经济命脉不能捏在别人的手里，还有三教九流、五行八作都得有个出路。于是，和南市场抗衡竞争的北市场开始出炉，在皇寺地区"十间房"附近开发北市场。随后，奉天市政当局放地号，一些大商人、大地主争先恐后领地、租地、建房。

第二年，沈阳古城西与火车站之间的大片庄稼地、菜园子不见了，一批民族工业雨后春笋般在皇寺的南侧兴建起来。北市场开始出现了奉天纺纱厂，也就是沈阳纺织厂的前身，然后是卷烟厂、华北机械厂、邮政局。至今，老北市邮局的建筑，还是市府大路上特别醒目显眼的地标性建筑。

仅几年工夫，民族商业也如雨后春笋般涌现出来。最有名的是北市、民生、中原（今沈阳百货大楼旧址）三大百货；中央大戏院（今沈阳大戏院）、大观茶园（今辽宁青年剧场）、共益大舞台（今北市剧场）三大剧场；奉天座（今民族电影院）、保安电影院（今群众电影院）、云阁电影院三家影院。后来又陆续有了金店、饭店、浴池、药房、妓院、茶社、大小客栈、服装店、钟表店、放款店、理发、照相、花会、烟馆、赌局、当铺等，不胜枚举。

随着工商业的繁荣、人烟的日益稠密，当时的北市场以"汇集五行八作、辐辏商贾游人"著称，南七北六十三省，学艺的卖艺的都会云集于此。酒肆林立，人声鼎沸，旗幡飘扬，茶坊溢香。当时的沈阳人流行一句话："北市场钱没腰，挣不到是熊蛋包。"北市场在官府和有钱人的眼中是赚钱的场子，在老百姓的心中是养家的地方、谋生的手段。后起之秀的北市场，很快与太原街、中街齐名，成为沈阳三大繁华地区之一，南市场从此黯然失色。

北市场浓重的人间烟火味，堪与当时的北京天桥、天津劝业场、南京夫子庙、上海城隍庙相媲美，形成了吸纳天下精粹、独展关东风情的北市场文化。

寺庙文化是提及北市场必须先说的话题，因为北市场能迅速繁华，与这里的"皇寺"息息相关。皇寺，全称莲花净土实胜寺，属于藏传佛教中的格鲁派，为皇家寺院，建成于崇德元年（1636），表达皇太极重视蒙古部落，对藏传佛教虔诚的信仰。因是清太宗皇太极敕建，又因寺院建筑是黄色，喇嘛戴的是黄帽，取其谐音，"皇寺"便广为流传开来。

寺院坐北朝南，呈长方形，正南是3楹黄绿琉璃瓦顶山门。门内两侧东为钟楼，西为鼓楼，中有天王殿，后有大殿。在天王殿和大殿之间，东西都有配殿。在天王殿后两侧各有一座碑亭，内立满、汉、蒙古、回四体文字碑。

沈阳人借着皇寺旺盛的香火，每年春节的传统年俗活动，都要在皇寺举行，这便是庙会。作为一项意在祈福的民俗活动，逛皇寺庙会绵延了近300年，成为沈阳人祈红运、赏诸戏、吃糖画、购年货必去的场所，呈现出一幅普天同庆、欢乐祥和的"新春庙会图"。

沈阳有许多锡伯族人。除了皇寺，附近还有太平寺，寺的东侧为锡伯家庙，寺与庙相依为一体，规模不大，气场却不小，信奉的也是黄教。正是因为有寺庙的人气加持，北市场迅速蹿红。

尽管北市场集购物商住、餐饮旅游、金融典当于一体，但娱乐是北市场的显著特征。20世纪二三十年代，北市场是全东北戏院最集中的地方。场馆建设以小型为主，格调典雅、古朴，环境舒适、清新。游客于茶肆、酒楼品茗饮酒，吃风味小吃，欣赏东北地方戏曲文化，其乐陶陶。

到北市场听戏，成了很多沈阳人重要的业余生活。在剧种上，奉天落子、辽南皮影戏、铁岭二人转最为突出，评剧、木偶剧、北方越剧、辽南戏、阜新蒙古剧精彩纷呈。各种曲艺也不甘示弱，单出头、拉场戏、东北大鼓、太平鼓、八角鼓、昆高笛曲、相声、评书、西河大鼓、山东琴书、快板书、数来宝、子弟书、蒙语说书等竞相登场。

南来北往的演艺界人士都喜欢到这里演出，因为在北市场立住了角儿，走遍东北哪儿都好使。所以，沈阳能诞生出花淑兰、筱俊亭、白玉霜这样影响全国的评剧名家，绝不是偶然的。

除了走马灯似的戏班子，北市场里面还有两家大型魔术团，一家叫奉天华美福乐班，另外一家是韩敬文歌舞魔术团。演出的时候，出于魔术的保密性，舞台上的幕布挂得严严实实，观众席上啥也看不到，若是在露天演出，也是先用席棚围起来，不让观众识破玄机。有时，达官贵人家里祝寿，商家店铺开张，请不来名角唱堂会，就请魔术团来助兴。

北京有天桥的把式，同样，沈阳也有北市场的把式。人山人海围成了一圈，当中有一个老者和一个姑娘、一个小伙子，场中放着刀枪剑戟棍棒等各种兵刃。老者手拿铜锣在场边喊着套词："在家靠父母，出外靠朋友，有钱的帮个钱场，没钱的捧个人场。"各种兵器上下翻飞，看得人眼花缭乱，然后又是油锤贯顶、枪锁咽喉等绝技表演。惊险过后，姑娘拿着铜锣绕场一周，观众纷纷往里扔钱。

把式场里，常有奇人奇技让人目瞪口呆。"弹弓张"在方桌上立个靶子，泥弹每次都能打中靶心。"石头阎王"掌劈花岗岩，3个指头能捏碎石头。"徐老儿"把两个磨盘用木杠子穿起来，在两个肩头上转动如飞。这些身怀绝技的人可不是靠卖艺为生，他们都是卖"大力丸"的。当然，也有卖力气却不卖"大力丸"的，那就是摔跤，有汉人的角力、蒙古人的博克、满族人的布库，甚至还有回族人的摔跤。

有摔跤就有武术相伴，北市场中还有清末武术大师胡奉三的身影，他开创的戳脚文趟子拳，刚柔相济，贴靠近战，手法缠绵，腿法刚劲。当年张学良也是他的弟子，这一武术技法也一直传承至今。喜欢武术的作家萧军，也常到北市场练练拳脚。

沈阳北市场夜景

民以食为天，市场繁荣、人气旺盛、烟火气十足最显著的标志是饮食文化。比较有名的有老边饺子、三合盛包子、三盛轩坛肉、顺发园锅烙、常家馆烧卖、普云楼八锅酱肉，春发祥的肚、于家馆的鱼、公乐饭店的烧海参、润泉居的陈绍清酒，林林总总誉满沈阳。

北市场最有特点的是小吃，真的是一绝。董爆肚、牛头王、赵家馄饨吃起来味道美极了。几十年以后，还有人说起来北市场的美食好滋味，这些美味深深地埋在了人们的记忆之中。

现蒸的碗坨、手搅的冰糕、炸酥了的小螃蟹、摊成煎饼的"粉鸽子"，以及煎饼馃子、片粉、切糕、五花糕、烧饼、麻花等，就着豆腐脑，吃得满身是汗。

北市场的繁荣仅仅持续了10年，九一八事变中断了这一切，日伪当局、伪满宪兵和警察管控着北市场。免税的日子一去不复返了，他们不断增加苛捐杂税，用以支援所谓的"圣战"。位于北市场的中共满洲省委不得不转入地下，组织抗日队伍，开始了艰苦卓绝的斗争。

中华人民共和国成立后，北市场回到了人民的手中，剔除了妓院、赌场等文化糟粕，重现往昔的人间烟火气。

这里是

古迹

辽宁

"山海有情　天辽地宁"
文体旅融合出版

『声』临其境

听有声书，
聆听辽宁古今文化

扫码云游

『视』觉盛宴

配套视频，
在线博览辽宁魅力

『图』说辽宁

高清摄影，
带你品鉴辽宁风情

音频、视频等以图书内容为基础，有改动。